DK

DELIUS KLASING

GOLF LERNEN

PETER BALLINGALL

Übersetzung und deutsche Bearbeitung
von Jörg Savelsberg
Fotos von Matthew Ward

DELIUS KLASING VERLAG

Ein Dorling-Kindersley-Buch
Originaltitel: **Learn Golf in a Weekend**
Copyright © 1991 by Dorling Kindersley Limited, London
Text Copyright © 1991 by Peter Ballingall

Die Deutsche Bibliothek – CIP-Einheitsaufnahme

Golf lernen/Peter Ballingall.
Übers. und dt. Bearb. von Jörg Savelsberg. Fotos von Matthew Ward. –
Bielefeld: Delius Klasing, 1998
Einheitssacht.: Learn golf in a weekend <dt.>
ISBN 3-7688-1045-3

1. Auflage
ISBN 3-7688-1045-3

Die Rechte für die deutsche Ausgabe liegen beim Verlag
Delius, Klasing & Co., Siekerwall 21, 33602 Bielefeld
Einbandgestaltung: Ekkehard Schonart
Gesamtherstellung: Kunst- und Werbedruck, Bad Oeynhausen
Printed in Germany 1998

INHALT

EINFÜHRUNG

WILLKOMMEN IN DER WUNDERVOLLEN WELT DES GOLFSPIELS!

Von Golf sagt man, daß es eine „lebenslange Herausforderung" darstellt – aber irgendwo muß man anfangen, und ein gut eingeteilter Kursus kann Sie für diese Herausforderung wappnen. Das Ziel dieses Buches ist nicht nur, Sie die grundsätzlichen Golffertigkeiten in einem wenige Stunden umfassenden Kurs zu lehren, sondern auch zu zeigen, daß Golf nach mentaler Annäherung verlangt – gleich welche Spielstärke Sie erreichen. Golf ist kein leichtes Spiel. Aber es ist nicht ganz so schwer, wenn Sie den Schläger mit Leichtigkeit schwingen. Beachten Sie, daß nicht zählt, wie Sie den Schläger schwingen, sondern was Sie mit der Schlagfläche machen.

Stellen Sie sich beim Lesen vor, daß Sie selbst es sind, der mit den beschriebenen Schlägen glänzt. Wenn Sie einen runden Schwung mit Ihrem inneren Auge sehen und dafür ein Gefühl entwickeln können, dann machen Sie gewiß Fortschritte. Wenn Sie die Ideen und Prinzipien dieses Buches verstanden haben, werden Sie feststellen, daß mentale Übung im Lehnstuhl genauso nützlich sein kann wie die Praxis selbst.

Lassen Sie sich von diesem Buch mitreißen, denn in wenigen Stunden können Sie die Idee von Golf begreifen und jene grundsätzlichen Dinge verstehen, die Ihnen den Spaß an der Sache garantieren.

PETER BALLINGALL

DIE VORBEREITUNG

Vorbereitung ist der Schlüssel für den Erfolg

Sie sollten sich zunächst einen Übungspartner suchen – auf die Art lernt man leichter. Sollten Sie zuvor schon gespielt haben, dann schieben Sie die alten Vorstellungen beiseite und wenden Sie sich den Lernzielen ganz unvoreingenommen zu. Achten Sie auf jedes Wort. Die richtigen Schuhe und Handschuhe unterstützen Ihr Spiel. Die wichtigste Vorbereitung für diesen Kurs und Ihre spätere Freude am Golf ist die Auswahl der Schläger und Bälle. Wohl bei kaum einer Sportart

Luftbälle

Marker

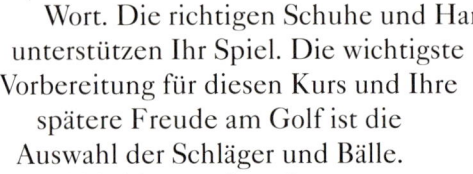

Loft und Lie des Schlägers

ACCESSOIRES
Besorgen Sie sich die kleinen Dinge für die Hosentasche. Kaufen Sie Bälle, die ihrem Spielstil entsprechen (S.14-15).

TEES
Aus Plastik und Holz, lang und kurz. Verschaffen Sie sich ein Sortiment für Ihren Kurs (Seite 15).

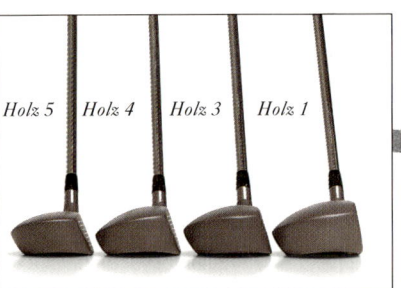

| Holz 5 | Holz 4 | Holz 3 | Holz 1 |

Übungen für das Muskelgedächtnis

FITNESS-FAKTOREN
Bekommen Sie das Gefühl für die am Schwung beteiligten Muskeln (S. 20-21).

SCHLÄGER
Machen Sie sich vertraut mit Loft, Länge, Winkeln und Schäften (S. 10-13). Bedenken Sie: Der Ball wird vor allem von der Schlagfläche dirigiert.

spielt die Aerodynamik des Balles – Luftströmung, Auftrieb, Luftwiderstand, Drall und Flugbahn – eine solche Rolle wie im Golf. Müssen Sie sich auch selbst trainieren für den Kurs? Spitzengolf verlangt Fitneß und Ausdauer, ansonsten kann es von jedermann betrieben werden. Ein paar Greifübungen und die Entwicklung des Gefühls für die am Schwung beteiligten Muskeln sind schon nützlich. Die mentale Einstellung ist das Wichtigste für den Einstieg: Der gelassene Spieler setzt sich durch - nicht der launische.

*Wörter in **Halbfett** werden im Anhang genauer erklärt (S.92).*

DER KOMPLETTE GOLFER
Ist zufrieden mit sich und dem Kurs.

GOLF-TASCHE
Ob Sie eine leichte Tasche mit einem halben Dutzend Schlägern tragen oder eine volle Turniertasche auf dem Trolley ziehen – beschränken Sie sich auf das, was Sie brauchen.

GOLF-KLEIDUNG
Tragen Sie eine Kleidung, in der Sie sich strecken und schwingen können – und die den Regeln des guten Geschmacks entspricht.

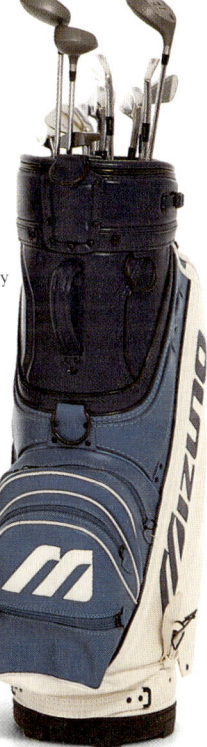

DIE VERSCHIEDENEN SCHLÄGER

Vom Treibschlag bis zum kurzen Putt

Golfschläger werden unterteilt in **Hölzer,** Eisen und **Putter.** Hölzer – für den Abschlag und das Fairway – sind für lange Schläge konstruiert, lange, kurze und mittlere Eisen für ganz bestimmte Distanzen und Genauigkeit; die Wedges (ebenfalls Eisen) für Schläge aus hohem Gras und Sand; die Putter in vielen Formen und Abmessungen für das Spiel auf dem **Grün.** Mitnehmen dürfen Sie bis zu 14 Schläger. Fangen Sie mit sechs Schlägern an: darunter ein Holz 5, die Eisen 4, 6 und 8, ein Pitching Wedge und ein **Putter.** Mit zunehmender Spielstärke füllen Sie die Lücken auf: mit dem **Sandwedge,** den Eisen 9, 5, 7 und 3, dem Holz 3 und endlich mit dem Holz 1, dem Driver. Merken Sie sich: Leichte Putter sind ideal für schnelle, trockene Grüns.

• *Putter*

• *Eisen*

• *Holz*

DREI SCHLÄGERTYPEN

Die drei Typen sind **Driver** (Metall oder Holz), Eisen für mittlere Distanzen und **Putter.** Beachten Sie die unterschiedliche Länge und Konstruktion.

ALLES MUSS PASSEN

DIE SCHLÄGERBAUART

Jeder Schlägersatz hat Standardmaße in bezug auf Länge, Winkel zwischen Schaft und Schlägerkopf und Loft. Sind Sie größer oder kleiner als der Durchschnitt, überprüfen Sie mit einem Golflehrer, ob Winkel und Maße für Sie stimmen. Die Griffe können, je nach Größe Ihrer Hand, dicker oder dünner gemacht werden.

SCHLÄGERLÄNGE

Wenn Sie groß sind, brauchen Sie vielleicht einen extralangen und steiler gestellten Schaft. Lassen Sie den Winkel zwischen Schaft und Schlägerkopf anpassen. Kleinere Spieler sollten die Schäfte nicht kürzen lassen: Dies verkleinert die Schwungweite, beeinträchtigt Schlägerkopfgeschwindigkeit und darum auch die Schlagweite.

PUTTER

Der entscheidende Ein-Meter-Putt kann der schwierigste Golfschlag überhaupt sein. Vertrauen Sie Ihrem Putter! Sein Design muß Ihnen gefallen, Schaftwinkel und -länge müssen Ihnen angepaßt sein.

DER PUTTERSCHAFT •

Schlägerschäfte sind etwa 86 cm bis 94 cm lang. Der Putterschaft muß in seiner Länge auf Ihre Haltung eingerichtet sein. Passen Sie Ihre Haltung nicht der Schaftlänge an! Damenputter sind kürzer und leichter - auch für Jugendliche geeignet.

DEN SWEET SPOT FINDEN

Halten Sie den herunterhängenden Schläger locker zwischen Zeigefinger und Daumen. Tippen Sie mit dem anderen Zeigefinger entlang der Schlagfläche, bis der Putter wegprallt, ohne sich zu verdrehen: Dies ist der Sweet Spot.

SPITZE UND FERSE

Bei allen Schlägern ist die Ferse das Ihnen nahe, die Spitze das Ihnen ferne Ende des Schlägerkopfs.

SWEET-SPOT-MARKIERUNG

Alle Putter haben einen Sweet Spot, der sich auf der Schlagfläche nahe dem Schlägerschwerpunkt befindet. Trifft man damit den Ball, rollt er gleichmäßig. Ein Punkt oder eine Linie kennzeichnet den Sweet Spot.

Sweet spot •

Spitze •

Ferse

Schlägerblatt •

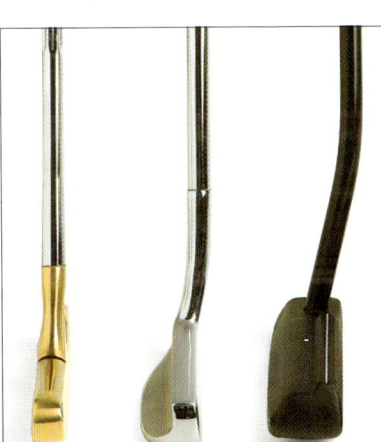

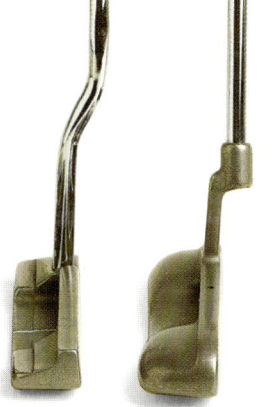

PUTTERKONSTRUKTIONEN

Putter sind sehr unterschiedlich in Konstruktion und Gewicht. Nach hinten versetzte Schlagflächen sollen bewirken, daß die Hände den Schlägerkopf führen.

PUTTERGRIFF

Der Griff ist zumeist vorne flach, damit die Daumen auf der Mittellinie aufliegen (S. 27). Dicke Griffe reduzieren die Handgelenksaktion.

EISEN

Es gibt zwei verschiedene Eisen-
konstruktionen, solche mit klas-
sischem Blatt und solche mit
peripherer Gewichtsverteilung. Der
normale Schlägersatz beginnt mit
Eisen 3 und endet mit dem
Sandwegde. Eisen 1 und 2 sind für
starke Spieler. Die Eisen tragen ihre
Nummer auf der Sohle.

RILLEN•
Alle Eisen haben
horizontale
Rillen, die
„Biß", **Drall**
und damit
Ballkontrolle
fördern.

SPITZE HOCH
Wenn Sie beim Ansprechen des
Balles eine Münze unter die Spitze
des Schlägers schieben können, ist
der Schläger korrekt aufgesetzt.

SCHAFTLÄNGE •
Die Länge der Schäfte korrespon-
diert mit dem Loft. Längere Schläger mit wenig Loft sind für größere Weiten, kürzere mit mehr
Loft für genauere Schläge. Die
Schaftlänge nimmt jeweils
um 12,5 mm ab.

Schlägerkopf aus
Weichstahl

**GRÖSSERER
SWEET SPOT**
Bei Schlägern mit
peripherer Gewichts-
verteilung ist das Material
hinter der Treffläche recht
dünn, das Gewicht ist auf
den Rand des
Schlägerkopfes verteilt.
Der **Sweet Spot** ver-
größert sich, schlechte
Schläge werden weniger
bestraft. Sehr gut für
unerfahrene Spieler!

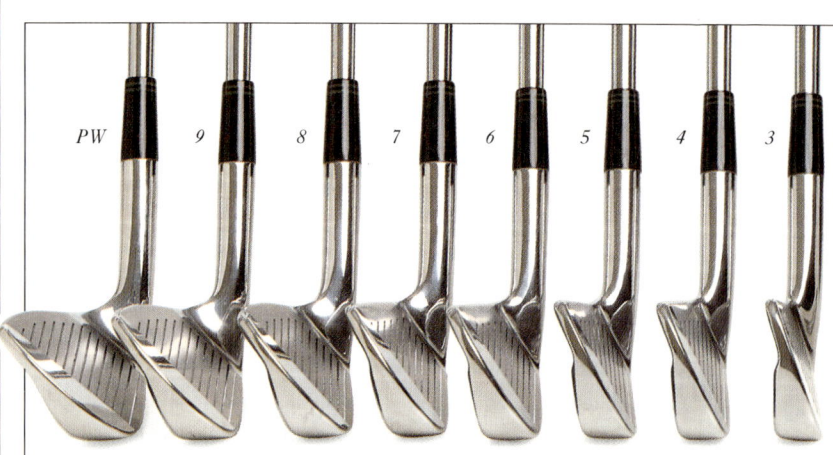

| PW | 9 | 8 | 7 | 6 | 5 | 4 | 3 |

LOFT UND FLUGBAHN
Auf dieser Abbildung ist zu sehen, wie der
Loft vom Eisen 3 bis zum Pitching Wedge
zunimmt. Jeder Schläger läßt den Ball
anders reagieren: Das Eisen 3 ist etwa

7 cm länger als der Pitching Wedge. Mit
gleicher Kraft geschlagen, fliegt der Ball
beim Eisen 3 weiter und hat eine
niedrigere Flugbahn als beim Pitching
Wedge.

HÖLZER

Bei den Hölzern wird nach dem Material unterschieden: Holz-**Hölzer** und Metallhölzer. Metallhölzer nehmen nicht so schnell Schaden. Hölzer sind länger als Eisen, haben weniger **Loft** und sind für lange Schläge konstruiert, sowohl vom Abschlag wie vom **Fairway** aus.

SCHAFT-FLEXIBILITÄT •
Schäfte können von sehr biegsam bis sehr steif (für starke Spieler) sein. Die normale Biegsamkeit ist richtig für den männlichen Golfer. Der Schaft für den älteren Spieler ist biegsamer, der für Damen und Jugendliche hat noch mehr Flexibilität.

• PW
• Eisen 5
• Holz 3

SOHLE •
Aus technischen Gründen ist es schwer, den **Lie** beim Holz zu ändern. Die Sohlenkontur aller Hölzer erlaubt es den meisten Golfern, den Schläger korrekt aufzusetzen.

SCHWUNGEBENE
Je länger der Schläger, desto flacher liegt er auf. Oben sehen Sie, daß Länge und **Loft** die **Schwungebene** bestimmen.

Holz 5   *Holz 4*   *Holz 3*   *Holz 1 (Driver)*

GRAD DER NEIGUNG
Hölzer haben unterschiedliche Längen und Lofts. Zur Identifikation werden sie numeriert: Je höher die Zahl, desto größer der **Loft**. Holz 3 und 4 etwa sind leichter zu schlagen als lange Eisen. Hölzer können am **Abschlag** und auf dem **Fairway** benutzt werden. Holz 1 wird nur von Turnierspielern gelegentlich für Fairway-Schläge verwendet.

WICHTIGES ZUBEHÖR

Alles, was Sie auf dem Golfplatz brauchen

Golf ist ein Gerätesport – einige Gerätschaften sind wichtig, andere sind nur Accessoires ohne Einfluß auf Ihr Spiel. Die hier dargestellten Dinge sind nötig auf der Runde – und helfen Ihnen, den Platz in jenem Zustand zu verlassen, in dem Sie ihn vorgefunden haben. All dies können Sie im Proshop auf dem Platz oder im Handel draußen kaufen. Golf ist nicht billig – wenn Sie Ihre Ausrüstung allerdings beisammen haben, halten sich die Ausgaben in Grenzen. Die Auswahl des richtigen Balles ist für Ihr Spiel ebenso wichtig wie die Auswahl der richtigen Schläger – die aerodynamischen Eigenschaften der Bälle haben eine große Variationsbreite.

BALLDESIGN
Kern, Hülle, Kompression und Zahl der Dimples bestimmen Auftrieb, Luftwiderstand und Drall.

――― DER RICHTIGE BALL FÜR SIE ―――

DIE BALLKONSTRUKTION

Der gewickelte, dreiteilige und der solide, zweiteilige Ball sind die Grundvarianten. Der erstere nimmt mehr Drall an. Außerdem gibt es Unterschiede in der Kompression, dem Maß für den Widerstand des Balles gegen den Schlag. Hohe Kompression = 100 = harter Ball, niedrige = 90 = weicherer Ball.

DES BALLES KERN

Hart schlagende Spieler benutzen einen Ball mit hoher Kompression und Balata-Hülle (auch synthetisch) für mehr Ballkontrolle. Durchschnittsspieler bevorzugen den widerstandsfähigeren Ball mit Gummikern, der weniger Drall annimmt und weiter rollt. Für Anfänger ist Kompression 90 richtig.

Gewickelter, dreiteiliger Ball

Solider, zweiteiliger Ball

HANDTUCH
Den Schmutz in
den Schlägerrillen
und am Ball
entfernen Sie mit
einem speziellen
Golfhandtuch.

SCHWAMM •
Schmutz in den Dimples
vermindert Ballge-
schwindigkeit und
Schlagweite. Auswaschen!

MARKER
Auf dem Grün darf der
Ball aufgenommen
und gesäubert
werden. Die Stelle,
auf der er lag,
muß genau
markiert werden.

PITCHGABEL •
Landet der Ball aus großer
Höhe auf dem Grün, er-
zeugt er auf der Gras-
oberfläche eine Ein-
schlagvertiefung. Diese
wird repariert mit der
Pitchgabel und geglättet.

ÜBUNGSBÄLLE •
Mit Luftbällen aus Kunststoff
können Sie den vollen Schwung
auf engem Raum üben.

TEES
Tees mit unterschiedlicher Halslänge geben
die richtige Einstecktiefe vor, für den
Driver wie für den Sandwedge.
Plastiktees können Spuren auf
Hölzern hinterlassen.

TASCHENFORMAT •
Scorekarten-Halter passen
in eine Tasche des Golfbags.
Es gibt auch solche, die am
Trolley befestigt werden.

DIE AUSRÜSTUNG

Treffen Sie die richtige Auswahl für Ihren Bedarf

Für den Kauf von Schlägern, Golftaschen und Trolleys sollten Sie sich im Proshop des Golfclubs beraten lassen: Dort wird Ihnen fachmännischer Rat in jeder Beziehung zuteil.

ANFÄNGERSATZ
Ein halber Satz – **Holz** 3 und 5, Eisen 4, 6 und 8, **Pitching Wedge** und **Putter** – ist ideal für den Anfang. All dies paßt in eine leichte Golftasche hinein.

KOMPLETTIERUNG
Wenn Sie etwas fortgeschritten sind, sollten Sie Ihren Schlägersatz komplettieren. Bleiben Sie bei Design und Marke!

•SCHLÄGER-HAUBEN
Hauben aus Kunststoff schützen Ihre Hölzer bei jedem Wetter und verhindern, daß sie in der Tasche verkratzen.

STAND-HILFE •
Mit dieser Vorrichtung liegt Ihre Tasche nie im Schmutz.

• HÖLZER
Metallhölzer sind robuster, und mit ihnen schlägt man weiter als mit Holz-**Hölzern**, die auf dem Blatt eine Plastikeinlage haben.

•HANDTUCH
Ist das Schlägerblatt nicht saube, kann Ihr nächste Schlag abgelenk werden.

SCHIRM •
Unverzichtbar bei
Regen und eine
nützliche Übungs-
hilfe (S. 86).

KOMPLETT AUSGERÜSTET
Eine Profi-Golftasche mit komplettem
Schlägersatz, allem Zubehör und Regenklei-
dung in den Stauräumen ist zum Tragen zu schwer für eine Runde
über 18 Löcher. Besor-
gen Sie sich ei-
nen robusten,
gut manö-
vrierbaren
Trolley.

SCHUTZHAUBE •
Es gibt eine große
Auswahl an Schutzhauben,
die vor den Elementen
schützen und auch vor
Verkratzen während der
Reise.

REISETASCHE
In einer solchen Tasche
können schmutzige
Schuhe ge-
trennt von
Hemden,
Hosen
und Sok-
ken auf-
bewahrt
werden.

• TROLLEY
Ihr Trolley sollte leicht
zusammenklappbar sein
und breite Räder für mehr
Stabilität haben.

GOLFBEKLEIDUNG

Was man wann trägt

Golfer werden beeinflußt von dem, was die Profis tragen, und so sind die Proshops voll mit hellen, kurzärmeligen Hemden, hochgeschlossenen oder mit V-Ausschnitt versehenen Pullovern, karierten oder einfarbigen Hosen. Auffallen um jeden Preis? Vielleicht, aber zum Standard gehören Hemden mit Kragen und Ärmeln und normale Hosen – nicht aber Sportanzüge, Jeans oder Sporttrikots. Golf ist eine Allwetter-Sportart, was sich auf diesen Seiten widerspiegelt.

VON KOPF BIS FUSS

Bequemlichkeit ist der Schlüssel für einen guten Schwung, bei heißem oder kaltem, schwülem oder trockenem Wetter. Diese nützliche Ausrüstung wird jeder Witterung gerecht.

ÜBERHAND-SCHUHE •

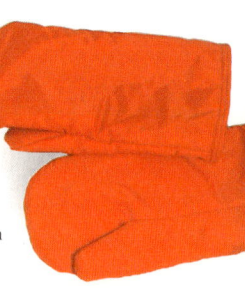

Mit kalten Händen kann man den Schläger nicht richtig fassen und nicht gut spielen. Ziehen Sie solche Handschuhe zwischen zwei Schlägen an.

HANDSCHUHE •

Der Golfhandschuh aus dünnem Leder wirkt wie eine zweite Haut, sorgt für gute Haftung selbst bei lockerem Erfassen des Griffs. Der Allwetter-Handschuh wird bei Nässe verwendet.

STIEFEL •

Spezielle Golfstiefel sind bei Regen sehr nützlich.

SICHERER HALT

Gerippte Sohlen verschaffen einen gewissen Halt. Ernsthafte Spieler bevorzugen Schuhe mit Spikes für einen wirklich festen Stand.

KOPFSCHUTZ •

Wind in den Haaren und die Sonne in den Augen lenken ab. Eine wollene Mütze oder ein Sonnenschutz lösen dieses Problem.

MIT KOPF •
Kappen oder Mützen aus
Acryl oder Wolle halten den
Kopf warm und behindern
nicht die Sicht.

OHNE •
SCHWITZEN
Moderne,
synthetische Stoffe
atmen, verhindern
übermäßiges
Schwitzen – und
sind teuer. Die
Raglan-Ärmel
sorgen für
Beweglichkeit,
Luftlöcher
lassen den
Dampf
entweichen.

PFLEGE •
Hängen Sie Ihre
Regensachen
nach jedem
Gebrauch zum
Trocknen auf. Sie
funktionieren
dann besser und
halten länger.

REGENBEKLEIDUNG

Wasserdichte Jacken sollten leicht,
nicht zu eng sein und nicht rascheln.
Billig sind Nylonjacken, die gerade
einen Schauer aushalten. 100 %
wasserdichte und atmungsaktive
Stoffe sind viel teurer – aber ihr
Geld wert.

• SCHIRM
Golfschirme gibt es in drei
Größen. Profis bevorzugen
die größten.

SEIEN SIE AUF
DRAHT!
Bequeme, nicht zu enge Klei-
dung ist das Richtige für den
Sommer. Nehmen Sie einen
leichten Pullover und eine
Windjacke mit für den Fall,
daß sich das Wetter ändert.
Eine Runde kann manch-
mal Stunden dauern.

FIT FÜR GOLF

Training für den Kopf und für den Körper

•

Zu Fuß gehen ist eine der besten Übungen für das Training der Muskeln. Bei einer Runde über 18 Löcher legen Sie etwa sechs Kilometer zurück, bergauf und bergab. Dabei tragen Sie Ihre Schlägertasche oder ziehen sie hinter sich her. Golf macht Sie also fit. Bodybuilding ist nicht nötig. Nützlich sind jedoch Dehnübungen für den Oberkörper. Das Training mit dem Reifen stärkt Handgelenke und Unterarme.

STÄRKUNG DER HANDGELENKE

Ein Autoreifen und ein Squash- oder Gummiball sind nützliche Utensilien für Griff- und Schwungübungen. So verwendet, wie hier dargestellt, stärken sie die Handgelenke.

HANDPRESSEN
Erfassen Sie einen weichen Ball mit der Handfläche nach oben. Quetschen Sie ihn zusammen und geben Sie wieder nach – so lange, bis Sie den Druck im Unterarm fühlen. Dasselbe mit der anderen Hand.

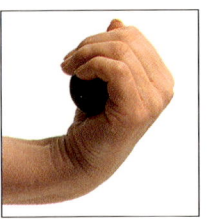

DAS HANDGELENK
Beugen Sie die Handgelenke beim Handpressen, um eine größere Anspannung der Muskeln zu erreichen. Übertreiben Sie bei diesen Übungen nicht! Das könnte zu Sehnenzerrungen führen.

ÜBUNGSDAUER
Üben Sie 20 bis 30 s mit jeder Hand. Dehnen Sie diese Zeitspanne allmählich aus und üben Sie häufiger.

• SCHULTERN
Entspannen Sie Schulter- und Rückenmuskeln. Trainieren Sie nur Hand und Unterarm.

• HAND-GELENK
Starke, gleichmäßig ausgebildete Handgelenke sorgen für besseres Spiel.

• AKTION
Erfassen Sie einen Schläger am Schlägerkopf und stecken Sie den Handgriff in den Reifen. Bewegen Sie die Handgelenke so, daß der Griff rechts und links gegen die Innenwülste schlägt. Langsam beginnen, Geschwindigkeit steigern!

MUSKELGEDÄCHTNIS

Bevor Sie spielen, sollten Sie den vollen
Golfschwung üben, um das notwendige
Muskelgedächtnis für die korrekten Be-
wegungen beim Schwung zu entwickeln.

STELLUNG •
Der Schwung
sollte ein mühe-
loses Zusam-
menspiel der
Körperbewegun-
gen darstellen
(S. 50-55).
Drehen Sie Ih-
ren Körper aus
der Ansprechpo-
sition wie darge-
stellt auf.

• **HAND-
FLÄCHEN**
Legt man die Handrük-
ken aufeinander, kann
man das Gefühl eines
Schwungs ohne Schlä-
ger herstellen. Mit ei-
nem imaginären Schlä-
gergriff geht das auch.

ZURÜCKDREHEN
Wenn Sie sich aus den Hüften
nach vorne lehnen, dreht sich der
Oberkörper nach rechts, Hüfte,
Beine und Füße reagieren.

DURCHDREHEN
Geht das Gewicht auf die
linke Seite über, rotieren die
Hüften, der rechte Fuß steht
auf den Zehenspitzen.

WEITERE ÜBUNGEN FÜR DAS MUSKELGEDÄCHTNIS

DREHUNG UM MITTELACHSE
Stehen Sie mit den Händen in den Hüften
in der **Ansprechposition**. Übertragen Sie
Ihr Gewicht auf den linken Fuß (Rechtshänder) und Ihre linke Seite. Drehen Sie
Knie, Hüften, Oberkörper und Augen in
dieser Folge nach links. Halten Sie diese
Position und lösen Sie den anderen Fuß
vom Boden. Sie fühlen, daß die Drehung
nach links mühelos vonstattengeht.

UNABHÄNGIGER ARMSCHWUNG
Um sich „losgelöst" von den Schultern
fühlen zu können, strecken Sie die Arme
einzeln aus und lassen Sie sie frei auf die
Schenkel fallen.

SPIEGELBILD MARKIEREN
Schwingen Sie vor dem Spiegel Arme und
Hände herum und nach rechts oben, dann
nach links oben. Beobachten und fühlen Sie,
wie der Körper reagiert! Markieren Sie auf
dem Spiegel die Stelle, an der Ihr Kopf
abgebildet ist. Wiederholen Sie die Übung,
ohne daß sich der Kopf von der Stelle
bewegt.

TIEFER SCHWERPUNKT
Ihr Schwerpunkt soll möglichst tief sein.
Strecken Sie sich vor dem Spiegel wie eine
Ballerina, machen Sie sich schwer und lassen
Sie Ihr Gewicht nach unten sinken in die
Position des Ringkämpfers.

DIE PRAXIS

Der Ablauf im schnellen Überblick

Der Kurs umfaßt zehn Lernziele. Er beginnt mit dem Griff auf den Seiten 24 bis 27, geht weiter zu **Stellung, Ansprechposition** und **Haltung** (S. 28-31). Putten, Chippen, Pitchen und voller Schwung folgen ebenso wie Ballkontrolle, Bunkerschläge, Spielen aus schwieriger Lage und das Absolvieren eines Par-4-Loches. Sie schreiten schneller voran, wenn Sie sich mit den gestalterischen Aspekten eines Golfplatzes beschäftigen. Verknüpfen Sie diese mit ihren Spielfähigkeiten (Seiten 78-83 und 88-89).

		Zeit in h	Seite
LERNZIEL 1	Der Griff	$^1/_2$	24-27
LERNZIEL 2	Der Stand	$^1/_2$	28-31
LERNZIEL 3	Der Putt	1	32-37
LERNZIEL 4	Der Chip	1	38-43
LERNZIEL 5	Der Pitch	1	44-49
LERNZIEL 6	Voller Schwung	2	50-55

Der Rückschwung

Der Chip

Flugbahn des Balles

ERLÄUTERUNG DER SYMBOLE

UHREN
Auf der ersten Seite jedes Lernzieles sind kleine Uhren abgebildet. Der blaue Kreisausschnitt zeigt, wann und wie lange Sie sich mit dem jeweiligen Lernziel beschäftigen sollten. Betrachten Sie z.B. die Uhr auf S. 28. Der blaue Sektor gibt eine halbe Stunde für das Lernziel 2, den Stand, vor. Der graue zeigt, wieviel Zeit mit dem vorherigen Lernziel verbracht wurde. Seien Sie flexibel: Die Uhr ist nur ein Anhalt. Nicht drängen lassen!

SCHWIERIGKEITSGRAD •••••
Jedes Lernziel ist nach Schwierigkeitsgrad mit einer Punktwertung gekennzeichnet. Ein Punkt(•) bedeutet: relativ leicht. Fünf Punkte(•••••) signalisieren: höchster Schwierigkeitsgrad.

MINI-MÄNNER
Die Minimänner bei den Lernzielen deuten an, in wie viele Schritte ein Lernziel aufgeteilt wird. Der aktuelle Schritt ist blau dargestellt.

Hinweistafel am Abschlag

Das innere Auge

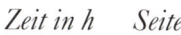

Schwungdynamik

	Zeit in h	Seite
LERNZIEL 7 Ballkontrolle	1¹/₂	56-63
LERNZIEL 8 Bunkerspiel	1	64-69
LERNZIEL 9 Schwierige Lagen	1¹/₂	70-77
LERNZIEL 10 Das Spiel	2	78-83

Einleitung des Rückschwungs

Aus Hindernissen herausspielen

1 Die Griffvarianten

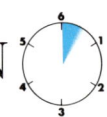

Definition: *Verschiedene Möglichkeiten des Griffes*

Griff ist ein unglückliches Wort, es legt die Vorstellung von „fest" nahe. Dabei ist Golf eine Gefühlssache, ein Spiel, bei dem es auf geschmeidige Bewegung viel mehr ankommt als auf physische Stärke. Es gibt – je nach Stärke der Hand – verschiedene Griffmöglichkeiten.

ZIEL: Ihre Hände arbeiten wie Sensoren. *Schwierigkeitsgrad* •••••

Der Vardon-Griff

Dieser überlappende Griff ist am weitesten verbreitet. Er gilt als der beste für alle Spieler – außer für jene, die kleine Hände haben.

1 Nehmen Sie den Schlägergriff quer in die linke Hand, so daß er in der Handfläche und auf dem Zeigefinger ruht.

2 Placieren Sie den Schläger in die Krümmung des Zeigefingers. Legen Sie die Finger für sicheren Halt um den Griff.

VON OBEN GESEHEN
Der Daumen zeigt etwas nach rechts und drückt ebenso leicht auf den Griff wie der Zeigefinger.

PISTOLENGRIFF •
Greifen Sie wie bei einer Pistole: drei Finger um den Kolben, den Zeigefinger am Abzug und den Daumen knapp rechts vom Abzugshahn.

V-FÖRMIG •
Das „V", gebildet von Zeigefinger und Daumen, zeigt in Richtung Ihres rechten Ohres.

3 Legen Sie den Griff in die beiden gekrümmten Mittelfinger der rechten Hand – nicht nahe dem Fingeransatz.

4 Legen Sie den kleinen Finger der rechten auf den Zeigefinger der linken Hand. Daumen und Zeigefinger üben einen leichten Druck auf den Griff aus.

ÜBERLAPPENDER GRIFF

Beim **Vardon-Griff** überlappt der kleine Finger der rechten Hand den Knöchel des linken Zeigefingers. Die letzten drei Finger der rechten Hand fassen fest – aber nicht verkrampft zu. Fühlen Sie jeden einzelnen Finger auf dem Schlägergriff. Die Finger sind Ihre Sensoren.

HANDGELENKE •

Fest sollen die Handgelenke sein, nicht steif. Wie Scharniere reagieren sie auf die Aktion von Körper und Armen.

• SCHAFT

Denken Sie daran: Ihr Griff bestimmt den Winkel zwischen Schaft, Schlägerblatt und Ball ebenso wie den Winkel Ihrer Arme und die Ansprechposition.

• RECHTER DAUMEN

Der rechte Daumen deutet leicht nach links der Griff-Mittellinie und berührt den Zeigefinger.

• V-FÖRMIG

Das von Daumen und Zeigefinger gebildete „V" deutet auf Ihre rechte Schulter.

KAPITEL

1

DER KORREKTE GRIFF

Mag ein Griff wie aus dem Lehrbuch wünschenswert sein – viele Golfer haben einen Griff, mit dem sie Schwungeigenarten kompensieren wollen. Locker muß der Griff immer sein!

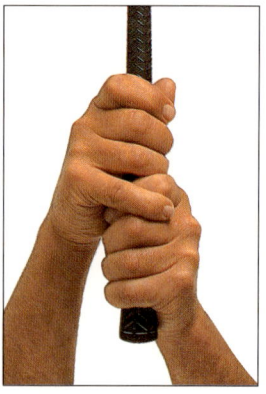 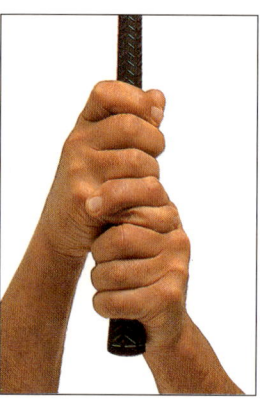 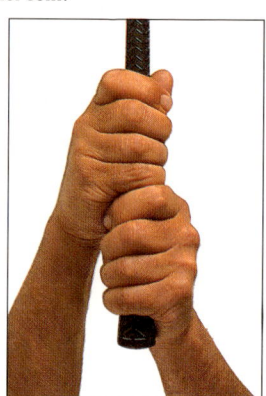

VARDON-GRIFF
Dieser überlappende Griff ist nach seinem Erfinder, Harry Vardon, benannt und gilt als Lehrbuch-Griff für leichtes und sicheres Halten des Schlägers.

INTERLOCKING-GRIFF
Wenn Sie kleine oder schwache Hände haben, sollten Sie es mit dem Interlocking-Griff versuchen. Der rechte kleine Finger wird mit dem linken Zeigefinger verzahnt.

BASEBALL-GRIFF
Erwachsene und Jugendliche mit kleinen Händen sollten diesen (Zehnfinger-) Griff versuchen. Bei ihm berühren alle Finger den Schlägergriff.

BITTE ZUGREIFEN!

PERSÖNLICHER STIL
Entscheiden Sie sich für den Ihnen angemessenen Griff. Halten Sie den Schläger immer locker. Der Griff darf weder in der Handfläche noch auf den Grundgelenken der Finger liegen – irgendwo dazwischen ist sein Platz. Und: Das **Schlägerblatt** tut, was immer Ihre Hände tun!

Der Griff darf nicht zu hoch auf dem Handballen ruhen.

Der Griff darf nicht zu tief auf den Grundgelenken der Finger liegen.

GRIFF-TEST
Halten Sie den Schläger mit dem Handballen und den letzten drei Fingern – so fest und zugleich locker, daß Sie das Gewicht des **Schlägerkopfes** fühlen.

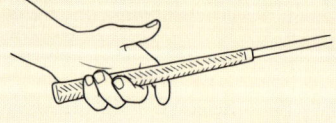

GRIFF-CHECKLISTE
1 Der Schläger muß im Ballen der linken Hand ruhen.
2 Es dürfen nicht mehr als zwei Knöchel zu sehen sein.
3 Der linke Daumen ist unter der rechten Hand fast vollständig verborgen.
4 Der Schläger ruht in den gekrümmten Mittelfingern der rechten Hand.
5 Fühlen Sie den Griffkontakt von rechtem Zeigefinger und Daumen.
6 Fühlen Sie jeden Finger in seiner Position.

DER GRIFF BEIM PUTTEN

Für das Putten brauchen Sie einen beson-
deren Griff, um die Handgelenksaktion zu
reduzieren und die Schlägerblattkontrolle
zu verstärken.

1 Stellen Sie den Putter auf den Boden. Legen Sie
die letzten 3 Finger der linken und die ersten 3
Finger der rechten Hand um den Griff.

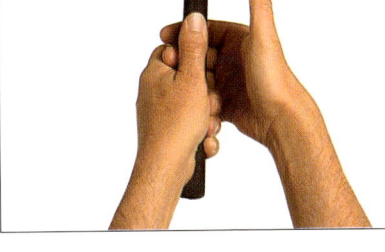

2 Die Finger bleiben nahe beieinander, während
der linke Daumen auf die Mitte des Griffs placiert
wird. Auf den linken wird der rechte Daumen
gelegt.

ÜBERLAPPEN
Zeigefinger und kleiner
Finger dürfen sich auf dem
Puttergriff überlappen.

PUTTER-
GRIFF •
Fast alle Putter
sind vorne
abgeflacht zur
besseren
Positionierung der
Daumen.

DAUMEN •
Der rechte
Daumenballen
ruht auf dem
linken Daumen,
der am Puttergriff
und -schaft
hinunterzeigt.

SCHLÄGER-
SCHAFT
Sorgen Sie dafür,
daß der **Schlä-
gerkopf** solide
auf dem Boden
aufliegt, indem
Sie die Handge-
lenke entspre-
chend biegen
und den **Schlä-
gerschaft** hinun-
terdrücken. Da-
durch werden
auch die Hand-
gelenke fixiert.

GRIFFENDE •
Lassen Sie das Griffende
zumindest 1 cm heraus-
schauen, damit Sie die
richtige Grifftiefe haben.

KAPITEL

2 STELLUNG AM BALL

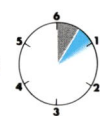

Definition: *Den Ball mit dem Schlägerblatt ansprechen, sich selbst mit dem für die Distanz richtigen Schläger auf das Ziel ausrichten*

Die meisten Fehlschläge resultieren aus der Standeinnahme und dem Ansprechen des Balles. Beachten Sie also: **1.** Der Ball fliegt in dem Winkel davon, den das Schlägerblatt im Treffmoment innehatte. **2.** Die Ausrichtung Ihres Körpers bestimmt die **Schwungrichtung. 3.** Ihre Haltung entscheidet über die **Schwungebene.**

LERNZIEL: Korrekte Körperhaltung und Ausrichtung des Schlägerblattes für den beabsichtigten Schlag. *Schwierigkeitsgrad* •••••

---

1. Schritt

ZIEL INS AUGE FASSEN

Bevor Sie schlagen, sollten Sie die Situation überdenken: Ihre Lage, Entfernung, Terrain, Hemmnisse usw. Dann vergegenwärtigen Sie sich die erfolgreiche Ausführung des Schlages. Das nennt man **Zielorientierung.**

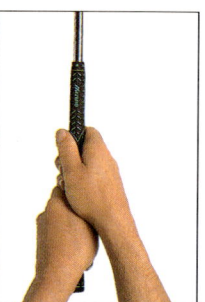

GRIFF
Halten Sie den Schläger locker mit dem **Vardon-Griff** (S. 24-25) oder dem Zehnfingergriff, wenn Sie kleine Hände haben (S. 26- 27).

ERFASSEN •
Heben Sie Ihre Arme nach vorne an, wenn Sie den Schlägergriff erfassen.

UNTER-KÖRPER •
Der Unterkörper ist in dieser Phase entspannt.

RECHTER FUSS •
Mit beiden Händen am Griff beugen Sie sich nach vorne. Der rechte Fuß führt die Bewegung, wenn Sie den Schläger hinter dem Ball aufsetzen.

• MIT DEM AUGE DENKEN
Wenn Sie Ihren Stand einnehmen, denken Sie an die Flugbahn des Balles – nicht an den Schwung.

• KÖRPER ZUM SCHLÄGER
Schläger sind leicht. Beim Schwung werden sie schwerer. Placieren Sie Ihren Körper deshalb „um" den Schläger herum, damit Sie Ihr Gewicht verlagern und sich locker ins Gleichgewicht drehen können.

• BALL
Konzentrieren Sie sich darauf, den Ball zum Ziel zu schlagen. Starren Sie nicht wie hypnotisiert auf den Ball.

2. Schritt

ZIELEN

Richten Sie das **Schlägerblatt** so aus, daß die Führungskante rechtwinklig zum Ziel steht. Die Oberkante des Schlägerkopfes zeigt die Schwungrichtung an. Sie ist bei jedem Schläger anders, hängt vom Loft, von der Länge und dem Winkel des Schafts ab.

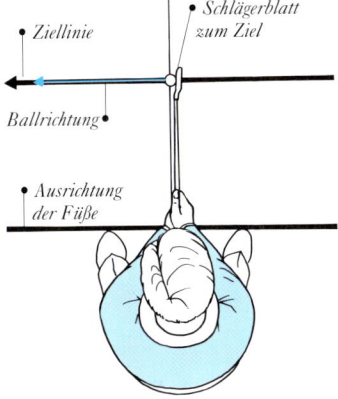

• *Ziellinie*

• *Schlägerblatt zum Ziel*

Ballrichtung •

• *Ausrichtung der Füße*

AUSRICHTUNG
Wenn der Schläger korrekt aufgesetzt ist, richten Sie (s.o.) Ihre Füße so aus, daß die Zehenspitzen auf einer Linie parallel der Ball-Ziel-Linie ausgerichtet sind.

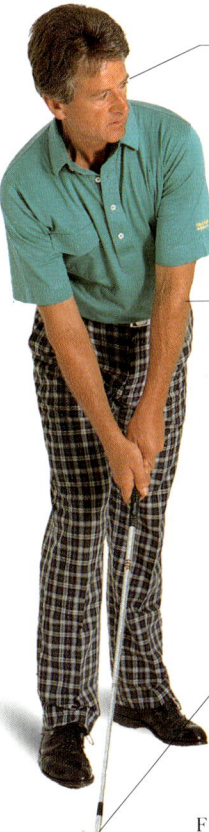

• **GOLFERBLICK**
Vor jedem Schlag müssen Sie alle Umstände durchdenken. Dann soll Ihr inneres Auge den Schlag in erfolgreicher Ausführung sehen.

• **KÖRPER ZUM BALL**
Bringen Sie den Schläger in Stellung mit beiden Händen am Griff. Dadurch wird die korrekte Entfernung zum Ball automatisch hergestellt. Viele schlechte Schläge resultieren daraus, daß der Spieler zu nah am oder zu weit entfernt vom Ball steht.

• **SCHLÄGERBLATT**
Nicht Sie schlagen den Ball – sondern das **Schlägerblatt.** Richten Sie es darum sorgfältig mit der Führungskante rechtwinklig zum Ziel aus.

AUSRICHTUNG ZUM ZIEL

EISENBAHNSCHIENEN
Die imaginären Ausrichtlinien von Zehen, Hüften und Schultern deuten nicht zum Ziel hin, sondern sind der Linie Ball–Ziel parallel. Stellen Sie sich vor, daß der Ball auf einer Eisenbahnschiene liegt, die zum Ziel führt, und daß Sie auf der anderen Schiene stehen. Das verschafft Ihnen die richtige Perspektive. Eisenbahnschienen treffen sich nur scheinbar am Horizont. Sie müssen sich darum auf einen Punkt links vom Ziel ausrichten.

ZIELTIP
Um das Schlägerblatt akkurat auszurichten, sollten Sie mit ihm eine etwa 1 m vor dem Ball liegende Markierung auf der Ziellinie anpeilen.

KAPITEL

2

SCHULTERN •
Weil die rechte Hand den Griff tiefer faßt als die linke, steht auch die rechte Schulter tiefer. Die Schultern hängen unverkrampft herunter.

HÄNDE •
Die Hände befinden sich über dem Ball.

GEWICHTS- VERTEILUNG •
Die gestrichelten Linien zeigen die gleichmäßige Gewichtsverteilung bei mittleren Eisen an. Beim Abschlag mit **Hölzern** sollten ungefähr 60 Prozent Ihres Gewichtes auf die rechte Seite verlagert werden. Dasselbe gilt für lange Schläger auf dem Fairway. Bei kurzen Schlägern mit viel Loft werden 60 Prozent des Gewichts auf die linke Seite verlagert.

3. Schritt

AUSRICHTUNG

Richten Sie Ihren Körper rechtwinklig zur **Führungskante** des hinter dem Ball aufgesetzten Schlägerblattes aus. Die Körperausrichtung bestimmt die Richtung des Schlägers beim Schwung. Also: Schultern, Hüften und Zehen parallel zur Ziellinie!

ELLBOGEN UND ARME
Die Ellbogen zeigen auf die Hüften. Der linke Arm wird bequem gerade gehalten, der rechte leicht gekrümmt.

FAST GERADE LINIE
Bei kurzen und mittleren Eisen ist die Linie linke Schulter – linker Arm – Schaft – Schlägerkopf ziemlich gerade.

FÜSSE
Beide Füße zeigen nach außen – der linke nach 11 Uhr, der rechte nach 1 Uhr. Dadurch kann sich der Oberkörper leichter beim Rückschwung drehen und der Unterkörper im Gleichgewicht zum Ziel rotieren.

DIE POSITION DES BALLES

VON WO DER BALL ZU SPIELEN IST
Berufsspieler mögen es vorziehen, den Ball von einem Punkt knapp rechts gegenüber der linken Ferse zu spielen. Als Anfänger sollten Sie die Ballposition vom jeweiligen Schläger bestimmen lassen. Die Illustration zeigt, daß das Schlägerblatt des Drivers (längster Schläger), um aufs Ziel ausgerichtet zu sein, gegenüber dem linken Absatz liegen muß. Das Eisen 5 oder 6 wandert in Richtung Körpermitte zur Ausrichtung aufs Ziel. Kurze Eisen wie Pitching Wedge oder Sandeisen zeigen dann aufs Ziel, wenn sie gegenüber der Körpermitte placiert sind.

──── WIE MAN EINE GUTE HALTUNG EINNIMMT ────

DIE GRUNDVORAUSSETZUNGEN

Die ersten Schritte sind: Schläger in die Hand nehmen, das **Schlägerblatt** ausrichten, auf die Führungskante schauen. Jetzt müssen Sie die richtige Haltung einnehmen, die nötig ist für:

• die Rotation des Körpers nach hinten und nach vorne bei perfektem Gleichgewicht,

• die Freiheit der Arme zum Auf- und Niederschwingen auf der für den gewählten Schläger korrekten Schwungebene.

AUS DEN HÜFTEN FEUERN

Gute Spieler stehen aufrecht am Ball und beugen sich aus den Hüften (nicht aus der Taille!) nach vorne. So bleibt das Rückgrat relativ gerade und kann leichter rotieren. Die Knie sind etwas gebeugt, Arme und Hände hängen bequem herunter.

DIE HALTUNG BLEIBT

Die Seitenansicht zeigt, daß die Haltung sich bei den verschiedenen Schlägern kaum ändert.

OBERKÖRPER •
Der Rücken ist gerade – aber nicht verkrampft.

• **KINN HOCH!**
Gucken Sie auf den Ball – aber halten Sie das Kinn so hoch, daß der Oberkörper sich darunter leicht drehen kann. Wenn Sie aufblicken und den Horizont sehen können, ohne den Kopf zu heben, dann hat der Kopf die richtige Position. Das Kinn auf der Brust bewirkt eine zu steile **Schwungebene** – die wiederum programmiert Fehlschläge.

• **ARME**
Die Armhaltung ist bei kurzen und langen Schlägern nicht identisch – die Körperhaltung aber bleibt.

• **KÖRPERUNTER-STÜTZUNG**
Die gestrichelte Linie, die durch die Mitte der Schulter, vorne durch die Kniescheibe herunter bis zum Spann geht, deutet an, daß das Körpergewicht überwiegend auf Hüften und Knien ruht.

UNTER-KÖRPER •
Die senkrechte Linie vom Knöchel zum Knie erlaubt es dem Unterkörper, sich wie eine Feder aufzudrehen.

KAPITEL

3

PUTTEN

Definition: *Das Einlochen als letzter Akt;
den Ball im Loch versenken*

Das Putten erfordert eine gleichmäßige Bewegung, einen festen Vorsatz und eine sichere Ausführung, ein Gefühl für Tempo und den Glauben daran, daß der Ball ins Loch rollt. Viele große Spieler versagen unter Druck, weil sie ihren Nerv auf dem **Grün** verloren haben. Selten hat das etwas mit schlechter Technik zu tun, meist mit dem Verlust von Selbstvertrauen. Putten Sie „kompakt" – ohne nachgebende oder sich selbständig bewegende Handgelenke.

LERNZIEL: Solider Kontakt im Treffmoment und die Sicherheit, daß der Putter rechtwinklig zur beabsichtigten Schlagrichtung steht und sich in diese Richtung bewegt. *Schwierigkeitsgrad* ●●●●●

DAS GRÜN LESEN

ERSTES ZIEL
Wenige **Grüns** sind absolut eben – aber jeder Putt muß gerade sein. Gerade bedeutet: bis zu jenem Punkt, hinter dem der Ball aufgrund einer Welle nach rechts oder links wegbricht. Stellen Sie sich hinter den Ball, taxieren Sie den Grad der Ablenkung und peilen Sie als erstes Ziel den Punkt an, hinter dem der Ball die Richtung ändert.

ABWÄRTS PUTTEN
Abwärtsputts auf schnellen Grüns können zu einer nervösen, zögernden Aktion führen. Am besten wird man damit fertig, wenn man den Ball mit der **Schlägerspitze** oder **-ferse** spielt und nicht mit dem **Sweet Spot** (S.11). Der Ball rollt dann wie „tot" und bricht nicht weg.

Weg des Balls

Erstes Ziel

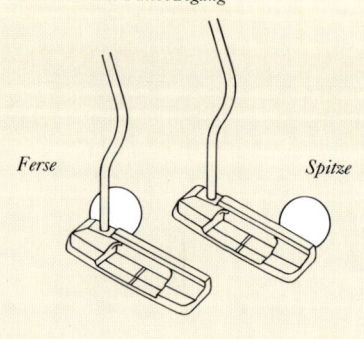

Unveränderte Puttbewegung

Ferse

Spitze

1. Schritt

ANSPRECHEN DES BALLES

Stehen Sie aufrecht und beugen Sie sich aus den Hüften nach vorne. Lassen Sie Schultern, Arme und Hände bequem hängen. Die Füße stehen schulterbreit auseinander. Sie sind im Gleichgewicht, entspannt und bereit.

KOPF
Sind die Schultern entspannt, bleibt der Kopf ruhig. Aber lassen Sie den Kopf nicht zu tief hängen. Ihre Bewegungen werden sonst verkrampft.

SCHULTERN
Die rechte Schulter hängt etwas tiefer als die linke. Die Linie durch Ihre Schultern ist parallel zur Ziellinie.

ARME
Die Arme hängen bequem herunter. Fühlen Sie die lockere Verbindung der Oberarme mit dem Körper! Die reicht gerade aus, ein Handtuch unter den Achseln zu halten.

ELLBOGEN
Die Ellbogen zeigen auf Punkte innerhalb der Hüften.

HANDGELENKE
Die aufgewölbten Handgelenke drücken den Putterkopf zu Boden.

HÄNDE
Die Hände sind dem Putterkopf etwas voraus. Greifen Sie den Putter wie auf S. 27 beschrieben.

FÜSSE
Die Füße stehen schulterbreit auseinander und sind parallel zur **Ziellinie** ausgerichtet.

KORREKTE HALTUNG
Unten bleibt der Rücken gerade, nachdem Sie sich aus den Hüften vorgebeugt haben. Die Augen sehen senkrecht auf den Ball hinunter.

SCHLÄGER-KOPF UND BALL
Viele Spieler halten den Putterkopf knapp oberhalb vom Boden. Andere setzen ihn leicht auf.

KNIE
Beugen Sie die entspannten Knie ein wenig. Bleibt der Oberkörper ruhig, kann man fühlen, daß Knie und Füße das Gewicht tragen. Sie haben das Gefühl, als drücke der Boden gegen Ihre Fußsohlen.

BALL
Der Ball liegt irgendwo zwischen Körpermitte und linkem Absatz.

2. Schritt

RÜCKSCHWUNG

Der **Rückschwung** ist eine gleichmäßige, nicht unterbrochene Bewegung. Die Aktion von Oberkörper und Armen bewegt den Schläger. Während des Rückschwungs bleibt der Unterkörper ruhig.

KOPF
Der Kopf ist die Nabe des Schwungbogens (S. 36-37). Bewegt sich der Kopf aus der Mitte, wird das Putten unbeständig.

OBERKÖRPER
Das Dreieck Schultern–Arme–Hände vollführt eine gleichmäßige, schaukelnde Bewegung wie das Pendel einer Uhr, dabei senkt sich die linke Schulter etwas.

ARME
Die Arme bewegen sich unverkrampft, im Einklang mit dem Körper. Die Winkel bleiben dieselben wie beim Ansprechen des Balles.

GRIFF
Der Kontakt mit dem Schlägergriff bleibt unverändert fest. Die Handgelenke sind etwas aufgewölbt. Nicht zum Körper hin knicken! Das linke Handgelenk wird während des gesamten Schlages gerade gehalten, das rechte ist etwas nach innen geknickt.

SCHLÄGER-KOPF
Gefährlich ist es, den **Schlägerkopf** beim Rückschwung zu früh hochzunehmen. Er muß flach über den Boden geführt werden. Daraus ergibt sich die korrekte Geometrie.

BEOBACHTEN
Beobachten Sie, wie sich der Schlägerkopf vom Ball wegbewegt und durch den Ball schwingt – ohne dabei die Augen zu bewegen. Das Schlägerblatt scheint sich etwas zu öffnen. Das stimmt nicht, da Hände und Arme ja nichts tun. Also: die Aktion nur beobachten! Leider neigen wir dazu, alles, was wir sehen, auch zu beurteilen. Das kann zu Zweifeln führen und die Leistung beeinträchtigen.

HÜFTEN
Die Hüften bleiben ruhig. Das Becken ist etwas nach unten – hinten geschoben, damit der untere Teil des Rückens gerade bleibt. Bleiben die Hüften ruhig, dann verharren auch Knie und Beine – eine ideale Basis für den Schwung.

Ziellinie   *Ballposition*

Schwungrichtung

Stand

SCHWUNGRICHTUNG
Die **Schwungrichtung** des Putters führt in sanftem Bogen weg vom Ball (nahe am Boden bleiben!). Beim Durchschwung ist das Putterblatt aufs Ziel gerichtet und bewegt sich gerade darauf zu.

BALL
Sie sollen das Gefühl haben, der Ball läge Ihrem Schwung im Weg. Überlegen Sie nicht: „Wie soll ich ihn treffen?"

SICH MIT DISTANZEN VERTRAUT MACHEN

GEFÜHL FÜRS TEMPO

Die meisten glauben, daß die Richtung des Putts der wichtigste Aspekt sei, dabei ist das **Tempo** der kritische Faktor. Es sind schon mehr zweite Putts daneben gegangen, weil der erste zu schlapp oder zu fest war als dadurch, daß er das Ziel zu weit verfehlte. Erwerben Sie Gefühl fürs Tempo. Rollen Sie den Ball aus dem Unterarm auf ein Ziel zu. Wie weit mußten Sie zurückschwingen? Nun putten Sie auf dieselbe Art.

PUTTÜBUNGEN

1. Putten Sie zehn Minuten lang auf ein Loch (oder einen Becher auf dem Teppich) mit geschlossenen Augen. Bevor Sie die Augen öffnen, schätzen Sie bei jedem Putt ein, ob er kurz oder lang war, links oder rechts endete. Entwickeln Sie Gefühl!
2. Putten Sie zehn Minuten im Wechsel auf zwei Ziele unterschiedlicher Länge. Beim entfernteren Ziel versuchen Sie, den Ball im Umkreis von 20 cm um das Loch zu stoppen.

---

3. Schritt

DER SCHLAG

Konzentrieren Sie sich auf die gesamte Bewegung. Ein Drittel macht der Rückschwung aus, zwei Drittel der Durchschwung. Dadurch beschleunigt der Ball im Treffmoment – auch bei kürzeren Putts.

• DAS DREIECK BLEIBT
Auch wenn die Schultern nach rechts schwingen, bleibt das Dreieck Schultern–Arme–Hände erhalten. Arme, Hände und Putter bleiben eine kompakte Einheit. Die Position des Körpers im Treffmoment ist dieselbe wie in der ursprünglichen Ansprechhaltung.

• HÄNDE
Die Hände führen den **Schlägerkopf.** Der Putter folgt der schwingenden Bewegung des Körpers.

• GEWICHT
Da der Ball etwas links der Körpermitte positioniert ist, liegt auch mehr Gewicht auf der linken Seite – aber nicht zuviel!

• UNTERSTÜTZUNG
Füße, Beine und Hüften bleiben ruhig – verkrampfen Sie sich nicht.

DURCHSCHWUNG
Viele Putts gehen daneben, weil der Spieler zu früh aufblickt. Dadurch ändert die pendelnde Bewegung des Oberkörpers ihre Richtung. Also: Auf den Ballkontakt hören, dann gucken!

DER PUTT ALS GANZES

Bei aller Individualität – ein guter Putt hat immer diese drei Qualitäten: **1.** Das Dreieck aus Schultern und Armen verändert sich nicht. **2.** Ein Drittel des Schwungs entfällt auf den Rückschwung, zwei Drittel auf den Durchschwung. **3.** Handgelenke und Hände bleiben ruhig und fest während der ganzen Aktion.

• AUS EINEM STÜCK
Die ganze Bewegung dauert zwei Sekunden, trotzdem muß sie ohne Hast, rhythmisch und geschmeidig vonstattengehen. Haben Sie Selbstvertrauen!

HALTUNG •
Beugen Sie sich aus den Hüften über den Ball. Fühlen Sie sich bereit für den Putt.

RÜCKSCHWUNG •
Die Schultern lenken die Bewegung des Schlägerkopfes weg vom Ball. Der Schlägerkopf bleibt nahe am Boden, damit er sich beim Durchschwung auf der richtigen Bahn vorwärts bewegt.

ZUM BALL HIN •
Die Vorwärtsbewegung beginnt mit einem Pendeln der Schultern, ruhig, ohne Hast. Die Hände unternehmen nicht den Versuch, selbständig aktiv zu werden.

SCHWUNGGEDANKEN

MENTALE ANNÄHERUNG
Befassen Sie sich mental mit dem Putten, um ein Gefühl dafür zu entwickeln. Putten Sie vor einem Spiegel und fühlen Sie die Verbindung zu Ihrem Spiegelbild. Vergegenwärtigen Sie sich den Schlag vor Ihrem inneren Auge. Ist der Geist willig, dann gehorcht der Körper.

FREI FLIESSEND
Arbeiten Sie nicht gegen Ihre natürliche Körperbewegung. Bei einem guten Schlag fühlt der gute Golfer seinen Schwung als ununterbrochene, von den Sinnen gesteuerte Aktion. Der Putt muß so glatt und geschmeidig wie irgend möglich sein.

DAS INNERE AUGE
Machen Sie sich ein klares Bild von dem, was Ihr Körper tun soll – und lassen Sie das geschehen. Vertrauen Sie sich! Nicht auf den Schlag „überkonzentrieren"!

DER FEHLPUTT
Haben Sie keine Angst, das Loch zu verfehlen. Haben Sie das notwendige Tempo falsch eingeschätzt, überlassen Sie Ihren Sinnen die Korrektur.

• GLEICHMÄSSIGKEIT
Sie sehen: Das Dreieck aus Schultern, Armen und Händen bleibt unverändert.

• DURCHSCHWUNG
Blickt man zu früh auf, wird der Rhythmus gestört. Bei kürzeren Putts: erst hören, dann gucken!

BALL-KONTROLLE•
Das Putterblatt sieht zum Ziel hin und bewegt sich darauf zu. Es ist logisch, daß sich dann auch der Ball dahin bewegt.

KAPITEL

4

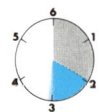

CHIPPEN

Definition: *Ein Schlag für Entfernungen von nicht mehr als etwa 3,5 m bis zum Grün*

Chippen ist Putten ... mit einem Putter, der **Loft** hat. Verwenden Sie ein Eisen mit mehr oder minder geneigter **Schlagfläche,** je nachdem, wie hoch der Ball fliegen oder wie weit er rollen muß.

LERNZIEL: Den Ball über nicht ganz kurz geschnittenes Gras fliegen und ihn wie einen Putt zum Loch rollen lassen. *Schwierigkeitsgrad* •••

— 1. Schritt —

ANSPRECHEN

Nehmen Sie dieselbe **Ansprech-haltung** ein wie beim **Putten** (S. 32). Benutzen Sie ein Eisen 7 oder 8.

• SCHULTERN
Richten Sie die Schultern parallel zur Ziellinie aus. Die rechte Schulter sitzt tiefer als die linke.

• BLICKPUNKT
Gucken Sie auf einen Punkt wenige Zentimeter hinter dem Ball.

• GRIFF
Fassen Sie den Griff etwas tiefer als gewöhnlich. Das bringt Sie wie beim Putten nahe an den Ball. Wölben Sie die Handgelenke etwas nach vorne auf, so daß die Spitze und nicht die Ferse des Schlägers den Boden berührt.

HÜFTEN •
Achten Sie auf den geneigten Kreis, den der Gürtel beschreibt. Hüfte und Gesäß sind soweit nach hinten geschoben, daß sie ein Gegengewicht darstellen zum Kopf, der sich über dem Ball befindet.

KNIE •
Beugen Sie die Knie bequem.

FÜSSE •
Die Füße stehen schulterbreit auseinander, das Gewicht ruht überwiegend auf dem linken Fuß.

• BALL
Der Ball liegt in der Mitte Ihres Standes oder links davon.

DER RICHTIGE WINKEL
Die Linien Rückgrat–Hüften, Hüften–Knie und Knie–Füße stellen Geraden dar – keine Kurven.

UNTERARME •
Die Schultern bleiben
passiv. Fühlen Sie die
lockere Verbindung der
Oberarme mit dem
Körper! Die reicht
gerade aus, ein
Handtuch unter den
Achseln zu halten.

HÜFTEN •
Nicht mit den Hüften
schwanken!

HANDGELENKE •
Beim Rückschwung beugen
sich die Handgelenke auf natürliche Weise, während sich
Arme und Schultern locker und
als Einheit bewegen.

VERBINDUNG •
Schultern, Arme und Hände
bewegen in lockerer
Zusammenarbeit den
Schläger bei der Drehung.
Betrachten Sie diese Aktion
als Ganzes – nicht als Serie
voneinander unabhängiger
Bewegungen.

2. Schritt

RÜCKSCHWUNG

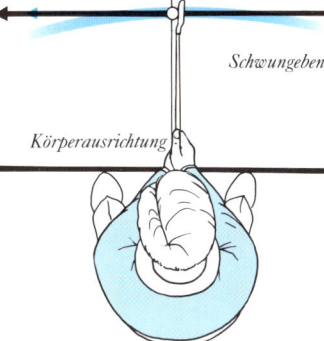

Wenn Sie den
Schläger zu-
rückschwin-
gen, sollen Sie auf
den Ball schauen und dabei den
Rhythmus und die Leichtigkeit
der Schwungbewegung fühlen.

Ziellinie

Schwungebene

Körperausrichtung

SCHWUNGBOGEN
Der Schläger entfernt sich beim
Rückschwung von der Ziellinie.
Beobachten Sie, wie das
Schlägerblatt auf demselben
Bogen zum Treffmoment
zurückkehrt und gerade zum Ziel
durchschwingt.

WIE MAN DEN BALLFLUG BESTIMMT

DER DRALL
Mehr **Loft** bewirkt mehr Rückwärtsdrall und
Höhe. Schwingen Sie durch – nicht unter den
Ball und dann nach oben. Rück- und Durch-
schwung haben dieselbe **Schwungrichtung.**

ZIELEN
Wenn Sie Richtung **Grün** chippen, peilen Sie
auf der Linie zum Loch ein erstes Ziel an –
nicht das Loch. Es ist leichter, sich auf einen
unter 1 m entfernten Punkt zu konzentrieren.

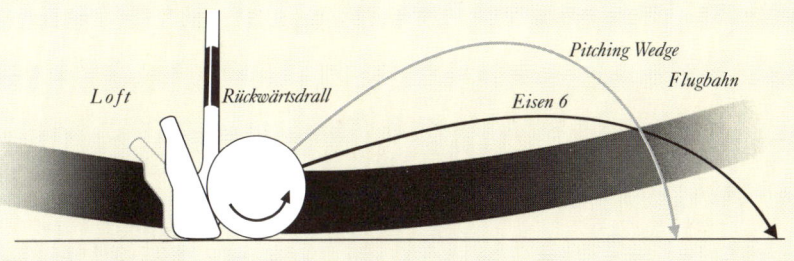

Loft　　*Rückwärtsdrall*　　*Eisen 6*　　*Pitching Wedge*　　*Flugbahn*

KAPITEL

4

3. Schritt

DER SCHLAG

Fühlen Sie den Ballkontakt als Teil des gesamten Schwungs – nicht als Einzelaktion. Das Dreieck aus Schultern und Armen verändert sich nicht.

RUHIGER KOPF
Beobachten Sie, wie das **Schlägerblatt** durch den Ball schwingt, und halten Sie den Kopf ruhig.

OBERARME
Arme und Schultern werden zusammen bewegt. Ihre Verbindung zum Oberkörper ist locker.

HÜFTDREHUNG
Drehen Sie die Hüften mit – wie eine Tür, die sich öffnet, damit die Arme sich frei hindurchbewegen können.

HANDGELENKE
Das linke Handgelenk bleibt gerade, führt das **Schlägerblatt**, das rechte bleibt geknickt.

BEWEGUNGSFOLGE
Erst bewegt sich der Körper, dann die Arme und zuletzt der **Schlägerkopf.**

GLEICHMÄSSIGER SCHWUNG
Der Ball liegt dem Schwung im Weg: Lassen Sie den Schläger durch den Ball schwingen. Sein **Loft** hebt den Ball und läßt ihn rollen.

TREFFMOMENT
Nach dem Ballkontakt bewegt sich das **Schlägerblatt** weiterhin vorwärts, auf das Ziel zu.

TIPS FÜRS CHIPPEN

CHIPPEN ÜBEN
Stellen Sie sich etwa 2 m von einem Übungsgrün entfernt hin und versuchen Sie, den Ball innerhalb eines durch **Tees** abgesteckten Kreises (Radius: 1 m) auf dem **Grün** landen zu lassen. Beobachten Sie, wie weit der Ball bei den verschiedenen Schlägern rollt.

DAS GRAS BÜRSTEN
Wenn Sie zum Ziel hinschwingen, bürsten Sie durch das Gras. Je mehr Gefühl Sie für diesen Schlag entwickeln, desto leichter wird es für Sie, genau den Schläger zu wählen, der für die korrekte Roll-Distanz sorgt.

Pitching Wedge   Eisen 8   Eisen 6

4. Schritt

DURCHSCHWUNG

Der Rückschwung macht ein Drittel des gesamten Schwunges aus. Der Durchschwung nimmt zwei Drittel in Anspruch – ebenso wie beim Tennis. Der leichteste Weg, den Ball in die Höhe zu befördern, besteht darin, ihn während des Durchschwungs unten halten zu wollen.

SCHWUNGACHSE
Ihr Kopf ist die Nabe des Schwungs – die Achse, um die sich alle anderen Teile drehen. Halten Sie das Kinn hoch. Gucken Sie auf den Ballkontakt. Erst dann beobachten Sie den Flug und das Rollen des Balles.

OBERKÖRPER •
Betrachten Sie Schultern und Arme als Dreieck, das sich nicht verändern soll, während der Oberkörper leicht wie ein Uhrpendel schwingt. Die Schultern dürfen nicht verkrampft werden.

HÜFTEN •
Die Hüften drehen sich locker wie eine Tür, die sich öffnet, damit Arme, Hände und **Schlägerkopf** sich frei hindurchbewegen können.

KNIE •
Das rechte Knie reagiert auf die Aktion der Hüften, indem es sich auf das Ziel hin bewegt.

FÜSSE •
Bewegt sich das rechte Knie auf das Ziel hin, hebt sich der rechte Absatz etwas vom Boden.

• AUGEN NACH UNTEN
Blicken Sie zu früh auf, kann das Ihren Schlag ruinieren. Also: erst hören, dann gucken! Das Geräusch im Treffmoment sagt Ihnen, wie gut Sie den Ball getroffen haben. Ist Ihr Rhythmus flüssig, wird es auch Ihr Schlag sein.

• OBERARME
Die Oberarme lösen sich vom Körper, wenn sie nach dem Treffmoment dem Ball aufs Ziel hin folgen.

• KEINE HANDGELENKSAKTION
Hände und Handgelenke tun nichts. Das linke Handgelenk bleibt gerade und etwas nach vorne gewölbt, das rechte etwas geknickt – genau wie beim Rückschwung.

• SCHLÄGER
Der **Schlägerkopf** folgt der Bewegung als letztes. Körper und Arme sind ihm im Durchschwung scheinbar voraus. Das **Schlägerblatt** „guckt" auch nach dem Treffmoment aufs Ziel.

• LOFT
Der Ball reagiert auf das **Schlägerblatt,** fliegt und rollt entsprechend seiner Neigung. Die richtige Schlägerwahl ist also entscheidend.

KAPITEL

4

DER KOMPLETTE CHIP

Betrachten Sie den Ablauf des Chips als Ganzes.
Zerlegen Sie ihn nicht in Einzelteile.
Vergegenwärtigen Sie sich die sanft pendelnde
Aktion von Oberkörper und Schultern, wobei das
Dreieck aus Schultern und Armen immer erhalten
bleibt. Dieses Dreieck bewegt den Schlägerkopf –
nicht die Hände oder die Handgelenke.

• HÄNDE
Die Hände führen den
Schlägerkopf immer. Lassen
Sie die Hände nicht dem
Schlägerkopf vorauseilen im
Versuch, den Ball anzu-
heben.

IN POSITION •
Die Schultern sind ent-
spannt und bereit, Arme
und Hände bleiben
passiv, die etwas aufge-
gewölbten Hand-
gelenke unbe-
weglich.

RUHIG BLUT •
Fühlen Sie sich gelassen
beim **Rückschwung** –
keine Eigenbewegung der
Handgelenke! Achten Sie
auf eine Aktion von Armen
und Oberkörper wie aus
einem Guß.

REAKTION •
Forcieren Sie den **Schläger-
kopf** nicht zum Ball hin.
Lassen Sie ihn hinten – er
wird schon zur rechten Zeit
und im richtigen Tempo am
Ball sein, wenn Hände und
Arme einfach nur reagieren
auf die sanft pendelnden
Schultern.

—SCHWUNGGEDANKEN—

- Ein Drittel Rück- und zwei Drittel Durchschwung sorgen für korrekten Ballkontakt.
- Ein ruhiger Schlag im Abstand von bis zu 3 m vom Grün läßt den Ball etwa 1 m aufs Grün fliegen.
- Die Schlägerwahl hängt mit dem Rollweg bis zur Flagge zusammen: je weniger Loft, desto länger das Rollen.

• NICHT VERWECHSELN
Nach dem Chip: erst hören, dann aufblicken! Verwechseln Sie diesen Rat nicht mit: den Kopf unten halten!

• NACH DEM TREFFMOMENT
Das Kinn ist noch leicht nach rechts geneigt. Das Schlägerblatt guckt zum Ziel und bewegt sich darauf zu.

LOFT •
Stellen Sie sich vor, Sie würden den Boden bürsten, auf dem der Ball ruht. Ist das Gras etwas höher, verwenden Sie einen Schläger mit mehr Loft. Aber: Chips mit solchen Schlägern sind viel schwieriger.

• GUTES TIMING
Der Schlag dauert nur etwa zwei Sekunden, darf aber nicht hastig ausgeführt werden.

KAPITEL

5

PITCHEN

Definition: *Annäherung aus kurzer Entfernung zum Grün, meist mit Wedge*

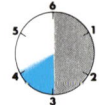

Dieser Weniger-als-volle-Schlag empfiehlt sich für Schläge innerhalb von 55 m ums Grün herum. Von vielen Schlagvarianten ist diese die beste: Mit einem Pitching oder **Sandwedge** wird der Ball hoch in die Luft geschlagen, er landet nahe der Fahne und rollt nur noch wenig.

LERNZIEL: Ein Hemmnis überwinden und auf dem Grün landen. *Schwierigkeitsgrad* •••

DER WEG ZU EINEM PERFEKTEN PITCHSCHWUNG

DAS BILD VOM SCHWUNG

Den Schlag mit dem inneren Auge sehen können ist wichtig: Der Ball fliegt hoch und landet im Zielbereich. Die zwei Übungen (s. unten) helfen Ihnen, ein Bild Ihrer Bewegungen zu entwickeln. Der Schwung ohne Arme lehrt, daß der Körper sich beim **Rückschwung** locker dreht und der Unterkörper darauf reagiert. Beim Durchschwung wird die Bewegung spiegelbildlich, das Gewicht wandert nach links, die Gürtelschnalle zeigt zum Ziel, der Unterkörper folgt.

EINEN BALL WERFEN

Eine andere nützliche Übung, sich ein Bild vom Schwung zu machen und zu erfahren, wie der sich anfühlt, ist das Werfen eines Balles mit dem Unterarm. Wurfarm und Schultern sind entspannt. Der rechte Fuß steht zum Schluß auf der Spitze. Bleibt er auf dem Boden, ist ein vollendeter Durchschwung nicht möglich. Praktizieren Sie beide Übungen vor einem Spiegel, um sich die Bewegungsbilder einzuprägen. Dasselbe mit geschlossenen Augen üben!

Ohne Arme schwingen

Unterarmwurf

— 1. Schritt —

POSITION EINNEHMEN

Als erstes gehen Sie rechtwinklig zur Ziellinie in Position. Bewegen Sie Ihre Hände im Gegenuhrzeigersinn um den Griff, bis das Schlägerblatt geöffnet ist. Die Führungskante steht immer senkrecht zum Loch. Je weiter Sie Ihre Hände drehen, desto weiter müssen Sie sich links vom Ziel ausrichten. Der Ball liegt links der Mitte Ihres **Standes.**

ZIELEN •
Schwingen Sie den Schläger in die Richtung, in die Sie Ihren Körper ausgerichtet haben. Ungeachtet Ihrer Ausrichtung bleibt die Führungskante rechtwinklig zum Loch ausgerichtet!

• RUHIGER KOPF
Halten Sie den Kopf während des Schlages absolut ruhig. Senken Sie den Kopf nicht zu sehr.

• ARME
Die Arme schwingen locker zurück und dann durch den Ball. Versuchen Sie nicht, den Ball zu löffeln oder den Schläger unter den Ball zu bekommen. Handgelenke und Hände folgen der Armbewegung nur.

Pitching Wedge

Loft   *Schwungbogen*

RICHTUNG
Die Linien durch Schultern, Hüften und Füße weisen in dieselbe Richtung – ob Sie nun parallel zur Ziellinie stehen bei Schlägern mit weniger Loft oder einen Punkt links vom Ziel bei Schlägern mit mehr Loft anvisieren.

PITCHING WEDGE
Der Pitching Wedge ist ideal für hohe Annäherungen bis zu 80 m. Der Ball rollt nach der Landung nur noch wenig. Genau das braucht man, wenn man den Ball über Hindernisse wie Bäume oder Bunker spielen muß.

KAPITEL

5

• KINN HOCH
Halten Sie das Kinn so hoch, daß der Oberkörper sich drehen und die Arme den Schläger aufschwingen können.

---

2. Schritt

RÜCKSCHWUNG

Stehen Sie parallel zur Ziellinie, dann wird die Weite des **Rückschwungs** bestimmt durch die gewünschte Schlagweite. Bei einem Schläger mit viel Loft steht man **offen** (nach links ausgerichtet), schwingt weiter zurück, um dieselbe Weite zu erzielen.

• SCHULTERN
Drehen Sie Schultern und Oberkörper, bis die linke Schulter unter dem Kinn steht, die rechte nach hinten oben. Nicht dabei „tauchen"!

• HÜFTEN
Die Hüften reagieren auf die Aktion von Armen und Oberkörper. Bei weiteren Schwüngen verlagert sich das Gewicht mehr nach rechts.

• KÖRPER-BEWEGUNG
Der Durchschwung wird von den Armen eingeleitet. Das Körpergewicht verschiebt sich auf die linke Seite.

• HÄNDE
Im Treffmoment sind Hüfte, Arme und Schultern in die Ansprechposition zurückgekehrt. Beachten Sie, daß die Hände den Schlägerkopf in und durch den Ball führen.

• KNIEBEUGE
Die Rotation der Hüften läßt das rechte Knie sich zum Ball drehen. Bei kurzen Schwüngen geschieht das in geringerem Maße.

---

3. Schritt

DER SCHLAG

Beim Pitch beschleunigt der Schläger auch nach dem Treffmoment weiter. Je mehr Sie die Schlagfläche neigen, desto freier wird der Schwung.

KOPF •
Ist der Ball unterwegs, darf der Kopf dem Schlag folgen.

SCHULTERN •
Nach dem Treffmoment dreht sich die rechte Schulter unter dem Kinn hindurch, die linke nach hinten oben.

HÜFTEN •
Die Hüften drehen sich, sorgen für Gleichgewicht und unbehinderte Bewegung.

KNIE •
Das rechte Knie beugt sich auf natürliche Weise.

ABSATZ •
Der rechte Absatz hebt sich vom Boden, wenn sich das Gewicht nach links verlagert hat.

• HÄNDE
Der linke Handrücken blickt nach oben – ebenso wie das Schlägerblatt.

4. Schritt

DURCHSCHWUNG

Die Handgelenke überrollen beim Durchschwung nicht. Dadurch fliegt der Ball hoch in jene Richtung, die das Schlägerblatt beim **Ansprechen** des Balles hatte. Haben Sie sich nach links ausgerichtet, geht der Durchschwung auch in diese Richtung.

• UNTERKÖRPER
Das Gewicht bleibt auf der linken Seite, während Hüften und Beine zum Ziel hin schauen.

• FÜSSE
Das richtige Fuß-Gefühl: beweglich und unverkrampft.

— WIE MAN SICH AN DEN PITCH HERANARBEITET —

MÖGLICHKEITEN TAXIEREN
• Mehr als die Hälfte aller Schläge sind vom Amateur aus einer Entfernung von weniger als 75 m zu spielen. Dann ist ein Pitch angesagt.
• Profis brauchen aus dieser Entfernung nicht mehr als zwei Schläge bis ins Loch, während Handicapgolfer drei bis vier benötigen – weil sie nicht alle Möglichkeiten abgewogen haben und ungeachtet der Umstände und des Terrains den Ball mit einem Eisen 7 vorwärtstreiben.

RÜCKWÄRTSDRALL
Viele Anfänger bewundern den Rückwärtsdrall, den Profis einem Ball verleihen können. Spielen Sie mit dem zweiteiligen Ball (S. 14), der auf Haltbarkeit ausgelegt ist und bei der Landung noch rollt, bekommen Ihre Pitchschläge auf dem Grün keinen Rückwärtsdrall. Um diese Bälle schnell zu stoppen, muß man sie höher schlagen, das Schlägerblatt flacher anstellen.

WANN MAN PITCHEN SOLL
Liegt der Ball schlecht oder ist ein Hindernis zu überwinden, dann ist der Pitch die Lösung.

KAPITEL

5

DER KOMPLETTE PITCH

Machen Sie sich vertraut mit den Eigenschaften, die jeder Pitch hat. Der Kopf bleibt ruhig bis zum Ende des Schlags, während die Hüften aufs Ziel zu rotieren. Schultern und Arme bilden ein gleichbleibendes Dreieck während des Pitch.

• KÖRPERGEWICHT
Das Körpergewicht ruht vor und im Treffmoment auf der linken Seite. Dreht sich der Oberkörper, folgt der Unterkörper dieser Aktion, um einen lockeren Schwung zu ermöglichen.

RÜCKSCHWUNG •
Der Schlägerkopf bleibt zu Anfang etwas zurück. Die Handgelenke sind abgeknickt auf dem höchsten Punkt des Rückschwungs.

HALTUNG•
Der rechte Absatz hebt sich inmitten des Schwungs leicht vom Boden, dadurch können sich Hüften und Bauchnabel in Richtung Ziel drehen.

SCHWUNGGEDANKEN

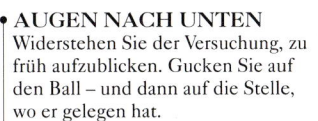

SCHWINGEN, NICHT LÖFFELN
Versuchen Sie nicht, den Ball zu löffeln. Konzentrieren Sie sich auf einen flüssigen Schwung und akkurates Zielen. Erlauben Sie dem Schlägerblatt, den Rest zu erledigen, indem es durch den Ball schwingt. Im Schwung löst sich der Absatz etwas vom Boden, sonst ist ein Fehlschlag schon fast vorprogrammiert.

VORBEREITUNG
Stecken Sie beim Üben ein Tee in etwa 10–12 cm Entfernung Richtung Ziel in den Boden. Beim Schlag nehmen Sie Ball und Tee mit. Diese Übung ermutigt zur Streckung beim Durchschwung; dabei bleibt der Schlägerkopf im Treffmoment tief am Boden. Oder: Stellen Sie sich vor dem Schlag vor, Sie würden das Gras mit dem Schlägerkopf bürsten.

AUGEN NACH UNTEN
Widerstehen Sie der Versuchung, zu früh aufzublicken. Gucken Sie auf den Ball – und dann auf die Stelle, wo er gelegen hat.

GLEICHGEWICHT
Das Gleichgewicht bleibt erhalten, wenn sich Hüften und Beine Richtung Ziel drehen. Der linke Handrücken guckt nach oben. Die Handgelenke überrollen nicht.

DURCHSCHWUNG
Beachten Sie, daß der Schwung nicht ganz durchgezogen wird. Wie beim Lob im Tennis liegt die Betonung auf Auftrieb und Genauigkeit. Der Schwung sollte locker und entspannt sein – so etwas wie ein Gefühl der Trägheit hinterlassen.

KAPITEL

6 DER VOLLE SCHWUNG

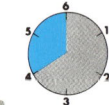

Definition: *Eine Folge natürlicher Körperbewegungen, nicht eine Serie von Verrenkungen*

Der Golfschwung besteht aus zwei Drehungen des Körpers und einem Schwung der Arme um einen zentralen Punkt. Der **Schlägerkopf** bewegt sich auf einem Bogen. Seine Geschwindigkeit im Treffmoment, der Rhythmus, das Tempo und Timing der Arm- und Körperbewegungen werden vom Drehpunkt kontrolliert. Studieren Sie das Mini-Männchen (lks.) beim vollen Schwung.

LERNZIEL: Das **Schlägerblatt** mit hoher Geschwindigkeit korrekt an den Ball bringen, ohne die Ballkontrolle zu verlieren. *Schwierigkeitsgrad* •••••

OBERKÖRPER•
Nehmen Sie entspannt und bereit zur Aktion die Schlaghaltung ein. Senken Sie Ihren Kopf nicht und halten Sie den linken Arm nicht um jeden Preis gerade: Diese nur vermeintlich richtigen Voraussetzungen für einen guten Schwung würden Ihr Spiel ruinieren..

UNTER-STÜTZUNG
Das Becken wird etwas nach unten und hinten gedrückt. Die Knie sind leicht gebeugt. So können Arme und Hände frei herunterhängen. Sie müssen fühlen, daß Hüften und Knie das Körpergewicht tragen.

— 1. Schritt —

ANSPRECHEN DES BALLES

Richten Sie das **Schlägerblatt** aufs Ziel aus, den Körper parallel zur **Ziellinie** in einer Haltung, die es erlaubt, den Schläger auf der jeweils richtigen **Schwungebene** zu schwingen.

ZWEI ZONEN
Alles oberhalb der durch den **Schlägerschaft** gehenden Linie bleibt passiv: die Muskeln von Händen und Armen, der Bauch, die Schultern, der Rücken und das Gesicht. Alles darunter ist aktiv elastisch: Beine, Knie und Füße.

•SCHLÄGERBLATT
Schwingen Sie das **Schlägerblatt** so, daß die **Ziellinie** herunterschaut – dahin wird auch der Ball fliegen.

KOPF
Halten Sie das Kinn hoch und neigen Sie es etwas nach rechts. Drehen Sie den Kopf ein bißchen, ohne daß er schwankt.

HALBER SCHWUNG
Machen Sie sich zuerst mit dem halben Schwung vertraut. Führen Sie den Schläger zurück bis auf Hüfthöhe. Der Schläger zeigt auf einen Punkt entgegengesetzt zum Ziel, seine Spitze ist nach oben gerichtet. Der rechte Ellbogen beugt sich, während der linke noch bequem ausgestreckt ist. Das Körpergewicht verlagert sich auf den rechten Fuß, wenn Hüften und Beine in Aktion treten.

2. Schritt

EINLEITUNG DES RÜCKSCHWUNGS

Bemühen Sie sich zu Beginn des Rückschwungs um eine glatte Bewegung aus einem Stück. Die Arme schwingen den Schläger vom Ball weg (der Schlägerkopf bleibt anfangs tief), und der Oberkörper dreht sich bequem aus dem Weg.

KNIE
Drehen Sie das linke Knie auf den Ball zu, aber bewegen Sie das rechte Knie überhaupt nicht.

GRIFF
Der Griff bleibt während der ganzen Bewegung gleichmäßig und locker. Die Handgelenke knicken erst zum Schluß ab.

HÜFTEN
Die Hüften reagieren auf die volle Drehung von Schultern und Oberkörper.

BEINE
Die Beine sind weder verkrampft noch steif.

3. Schritt

RÜCKSCHWUNG

Denken Sie nicht über den Rückschwung nach. Drehen Sie den Oberkörper wie eine Feder auf. Die Arme schwingen hoch. Der Unterkörper folgt diesen Bewegungen. Die Neigung des Rückgrates bleibt dabei immer erhalten.

GEWICHTS-VERLAGERUNG
Wenn der Oberkörper rotiert, reagieren Hüften und Beine von selbst, während sich das Gewicht nach rechts verlagert.

KAPITEL

6

KOPF •
Halten Sie den Kopf
ruhig und neigen Sie
das Kinn nach rechts.

ARME •
Die Arme und Hände
führen den **Schlägerkopf**.
Sie hängen locker herunter
und werden herumgezogen
von der Hüftdrehung und
Gewichtsverlagerung.

GLEICHGEWICHT •
Vermeiden Sie beim
Schwung jede Aktion,
die Sie aus dem Gleich-
gewicht bringen
könnte.

GEWICHT •
Das Gewicht verlagert sich auf den
linken Fuß, lange bevor der
Schläger den Ball erreicht.

───── 4. Schritt ─────
DURCHSCHWUNG I

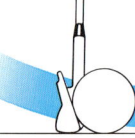

Die aufgezogene
Feder entspannt sich
in dieser Reihenfolge:
Der Unterkörper rotiert,
verlagert das Gewicht nach links, es
folgen die Arme und, zum Schluß, der
Schlägerkopf.

SCHWUNGRICHTUNG
Beim **Rückschwung** bewegt sich der
Schläger weg vom Ball auf einem Bogen
innerhalb der **Ziellinie** nach oben. Zu
Beginn des Durchschwungs kehrt der
Schläger auf demselben Weg zurück,
geht nach außen und weg vom Spieler.

• **AUGEN**
Gucken Sie bis
nach dem Treff-
moment auf den
Ball – erst dann
blicken Sie hinter
ihm her.

───── 5. Schritt ─────
DURCHSCHWUNG II

Die Kraftquelle
sind beim
Durchschwung
die Gewichtsver-
lagerung und das Entwinden
der Hüften. Um das **Schlägerblatt** im Treffmoment auf das
Ziel ausgerichtet zu haben,
darf der sichere Griff in keiner
Phase aufgegeben werden.

HÜFTEN •
Die Hüften gehen
aus dem Weg und
machen Platz für
die Arme, damit
die durch den Ball
schwingen können.

KONTROLLE
Lassen Sie den
Schlägerkopf nicht
zu früh nach oben
„flitschen". Sie
verlieren sonst
Kraft.

• **HÄND**
Halten Sie
die Hände
während
des ganzen
Schwungs
ruhig.

SCHULTERN •
Während des
Durchschwungs bewegt
sich die rechte Schulter
nach unten bis unters
Kinn, während sich die
linke nach hinten und
oben bewegt. Dabei
bleibt die Neigung
des Rückgrats wie beim
Ansprechen des Balles.

HÜFTEN •
Wie eine sich entwindende
Feder bewegen sich die
Hüften um die Mitte des
Körpers.

FÜSSE•
Um sich vollständig
und frei zum Ziel
hindrehen zu kön-
nen, müssen Sie den
rechten Absatz vom
Boden kommen las-
sen. Die Füße neh-
men teil am ganzen
Schwung, um eine
perfekt ausbalancier-
te, fließende Aktion
zu gewährleisten.

6. Schritt

DURCHSCHWUNG III

Das Ende des
Durchschwungs ist
die natürliche
Reaktion auf alles, was
bisher geschah. Der Schläger
schwingt hoch und herum ums linke
Ohr, wenn sich die Hüften
entwinden. Das Gleichgewicht
bleibt, weil der volle Schwung Ihre
Körpermitte als Achse hat.

DEN SCHWUNG FÜHLEN
Betrachten Sie den Schwung
als Ganzes – nicht als Serie
von Einzelaktionen. Gucken
Sie auf den Ball, aber fühlen
Sie den Rhythmus und die
Leichtigkeit der Bewegung.
Sie können kein gutes Golf
spielen, wenn Sie an den Ball
denken. Übungsschwünge
bereiten Sie auf das Gefühl
für die Schwungbewegung
vor. Sehen Sie zu, daß dieses
Gefühl beim Schlag ebenfalls
da ist.

SCHWUNGGEFÜHL

DER ABSCHLAG
Der Schlag mit einem **Holz** ist derselbe wie
mit einem Eisen. Beim Abschlag wird der
Ball jedoch auf ein **Tee** gesetzt..

KEINE GEWALT!
Die Geschwindigkeit des **Schlägerkopfes** im
Treffmoment und damit die Schlagweite
resultieren aus einem frei fließenden Schwung
– nicht aus der aufgewendeten Kraft.

DECKUNGSGLEICH
Beobachten Sie den Pfad des Rückschwungs
und achten Sie darauf, daß der Schläger
denselben Weg im Durchschwung nimmt.

RHYTHMUS
Der Durchschwung wird mit demselben
lockeren Tempo eingeleitet wie der
Rückschwung. Versuchen Sie, das für Sie
richtige Tempo herauszufinden.

KAPITEL

6

DER KOMPLETTE VOLLE SCHWUNG

Studieren Sie die Bildfolge auf diesen Seiten ganz genau – ohne jede einzelne Aktion zu isolieren. Konzentrieren Sie sich auf den Fluß des Ganzen. Der Oberkörper dreht sich, wenn die Arme aufschwingen, dann schwingen die Arme zum Ball, wenn sich die Hüften entwinden. Dieses mühelose Zusammenspiel macht den **Schlägerkopf** schnell und sorgt für Weite.

• **GANZ AUFDREHEN**
Drehen Sie sich so weit auf, bis der Rücken zum Ziel sieht. Der Schläger ist dann aufs Ziel gerichtet – bereit für alles Weitere.

RICHTUNG BALL •
Die Gewichtsverlagerung von rechts nach links zu Beginn des Durchschwungs zieht die Arme herunter.

TREFFMOMENT •
Im Treffmoment fühlen Sie, wie der Schläger sich nach außen und weg von Ihnen bewegt. Nicht forcieren! Hände und Arme folgen ganz natürlich den Bewegungen des Körpers.

SCHWUNGGEFÜHL

GLEICHGEWICHT

Der Schwung darf niemals die Balance beeinträchtigen. Nur dann sind Sie wirklich im Gleichgewicht, wenn der dem Boden nächste Körperteil, der Unterkörper, die Schwungaktion dominiert.

RHYTHMUS

Stellen Sie sich Rück- und Durchschwung übereinandergelegt vor.

GESCHWINDIGKEIT

Schnell oder langsam – Hauptsache: rhythmisch.

TIMING

Arme und Körper bewegen sich unabhängig voneinander – aber synchron.

TEMPO

Experimentieren Sie mit dem **Tempo**, um an den bestmöglichen Schwung zu kommen.

DAS FINALE •
Der Spieler scheint „am Kinn vorbei zu schwingen". Der ganze Körper dreht sich aufs Ziel zu. Die Wucht des Schlägerkopfes, erzeugt von der Gewichtsverlagerung und der Körperdrehung, ist jetzt am größten.

VOLLE •
DREHUNG
Wenn Körper und Arme zusammenarbeiten, sorgen sie für eine volle, ausbalancierte Drehung zum Ziel.

• TREFFMOMENT
Das Gewicht ist nun ganz auf der linken Seite. Die Drehung der Hüften zieht den Schlägerkopf entlang der Ziellinie durch den Ball im Treffmoment.

KAPITEL 7 BALLKONTROLLE

Definition: *Den Ball ins Ziel bringen, wenn das* **Schlägerblatt** *nicht rechtwinklig zur* **Schwungrichtung** *oder zum Ziel ausgerichtet ist*

Die Ausrichtung des Schlägerblattes muß rechtwinklig zur **Schwungrichtung** sein, wenn der Ball direkt zu seinem Ziel fliegen soll. Nicht immer werden Sie den geraden Weg einschlagen wollen, weil ein Hemmnis zu umspielen ist. Es mag überraschen, wie Profis – ohne das Grün zu sehen – den Ball um einen Baum herumziehen und ihn sicher im Ziel landen lassen. Die Prinzipien sind leicht auch von einem unerfahrenen Spieler zu begreifen. Wenn Sie die Ballkontrolle verstehen, können Sie die Möglichkeiten indirekten Spiels abwägen und – bei ausreichender Übung – absichtlich einen **Hook** oder **Slice** spielen.

LERNZIEL: Den Ball direkt oder indirekt zum eigentlichen Ziel schlagen.
Schwierigkeitsgrad •••••

Der Ball kurvt nach links oder rechts oder geht geradeaus.

BALLRICHTUNG

Das Verhalten des Balles hängt von dem des **Schlägerblattes** ab – wohin dies im Treffmoment gerichtet war und in welchem Winkel es den Ball berührte. Was das **Schlägerblatt** tut, hängt ab vom Griff, der Zielansprache, Stellung und Haltung.

Der Ball startet nach links oder rechts oder in gerader Richtung.

• DREI ZUR AUSWAHL

Der Ball reagiert auf das **Schlägerblatt** im Treffmoment auf eine der drei dargestellten Weisen: Zu Beginn kann er nach rechts, nach links oder geradeaus zum Ziel fliegen. Dann kann er in der Luft nach links oder rechts abdrehen oder seine ursprüngliche Flugrichtung beibehalten. Er kann durch die Luft fliegen oder über den Boden rollen.

Der Ball fliegt durch die Luft oder rollt über den Boden

- **AUGEN**
Sehen Sie auf den
Teil des Balles, mit
dem das Schlägerblatt
Kontakt aufnimmt.

- **SCHULTERN**
Die rechte
Schulter steht
etwas tiefer als die
linke. Die Linien
durch Körper und
Hüften sind der
Ziellinie parallel.

- **HÄNDE**
Arme und Hände
hängen frei herab.
Ist die Becken-
region nach hinten
und unten ge-
schoben, stehen
die Hüften nicht
im Weg.

STARTRICHTUNG

Die **Ausrichtung** des Körpers beim
Ansprechen des Balles beeinflußt die
Startrichtung des Balles. Der Körper
rotiert nach rechts beim **Rückschwung**
und nach links beim **Durchschwung**.

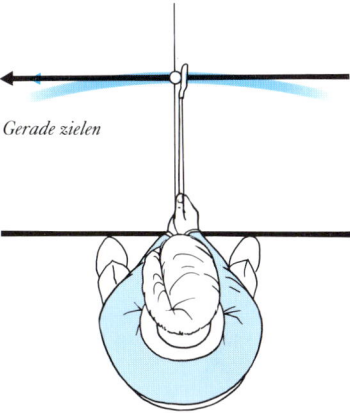

Gerade zielen

RECHTWINKLIGER STAND

Rechtwinklig zum Ziel stehen bedeutet,
daß das Schlägerblatt mit seiner Führungskante rechtwinklig zur Ziellinie steht. Man
befindet sich sozusagen seitlich vom Loch.

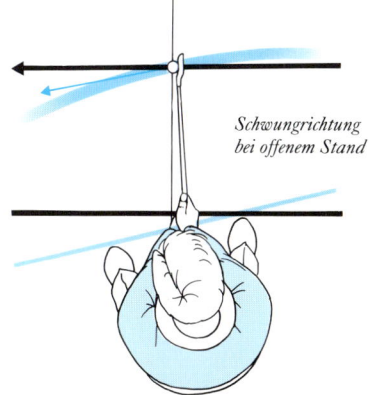

*Schwungrichtung bei
geschlossenem Stand*

*Schwungrichtung
bei offenem Stand*

GESCHLOSSENER STAND

Stand ist geschlossen, wenn die Linien
durch Schultern, Hüften und Zehen auf einen
Punkt rechts vom Ziel weisen – ungeachtet
der Stellung des Schlägerblattes.

OFFENER STAND

Der Stand ist offen, wenn die Linien durch Schultern, Hüften und Zehen auf einen Punkt links vom
Ziel weisen. Üben Sie, den Schläger so aufzusetzen,
daß Sie offen, rechtwinklig und geschlossen stehen.

KAPITEL

7

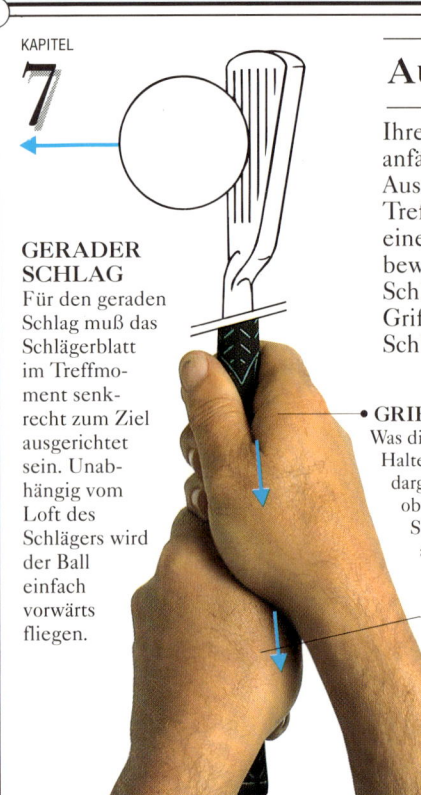

GERADER SCHLAG

Für den geraden Schlag muß das Schlägerblatt im Treffmoment senkrecht zum Ziel ausgerichtet sein. Unabhängig vom Loft des Schlägers wird der Ball einfach vorwärts fliegen.

AUSRICHTUNG DES BLATTES

Ihre Körperausrichtung beeinflußt die anfängliche Richtung des Schlags. Die Ausrichtung des **Schlägerblatts** im Treffmoment gibt dem Ball Drall mit, der eine Richtungsänderung in der Luft bewirkt. Die Hände kontrollieren das Schlägerblatt durch ihre Placierung auf dem Griff – und bestimmen die Richtung des Schlägerblattes im Treffmoment.

• GRIFFGEFÜHL

Was die Hände tun, tut auch immer das **Schlägerblatt**. Halten Sie den Schläger mit dem Griff nach vorne in der dargestellten Weise. Die Spitze des Schlägers zeigt nach oben, die **Rillen** stehen in Nord-Süd-Richtung. Wenn Sie die Hände nach rechts drehen, dann dreht sich auch das Schlägerblatt nach rechts.

• NEUTRALER GRIFF

Befinden sich die Hände in dieser neutralen Position, dann zeigen die „Vs" – gebildet von Daumen und Zeigefingern – auf einen Punkt zwischen rechtem Ohr und rechter Schulter. Dieser Griff bringt das **Schlägerblatt** rechtwinklig zurück, jede Änderung läßt das Schlägerblatt auch auf veränderte Weise reagieren.

DAS SPIEL MIT DEM SCHLÄGERBLATT

WOHIN, NICHT WIE

• Den Schläger korrekt zu schwingen, ist natürlich ein Hauptziel. Das lernt man jedoch nicht durch das Kopieren von Körperbewegungen und Techniken – nicht der Körper treibt den Ball vorwärts, sondern das **Schlägerblatt**. Sie müssen lernen, wie man den Ball durch die Ausrichtung des Blattes kontrolliert – und nicht durch den Schlägerschwung.
• In Ihrem Eifer, den Ball gut zu schlagen, sollten Sie sich nicht um einen speziellen Schwungstil bemühen, sondern üben, wie man das Schlägerblatt an den Ball heranbringt. Der Ball liegt ruhig bis zum Treffmoment. Übertreiben Sie es jedoch nicht mit der Ballkontrolle – das könnte zu Verkrampfungen führen.
• Denken Sie nicht darüber nach, wie Sie den Schläger schwingen, sondern machen Sie sich ein Bild davon, wohin der Ball gehen soll.

DEN SCHLAG GESTALTEN

Viele der weltbesten Spieler fingen als Caddy an. Sie hatten wenig Geld, trugen darum die Taschen der Profis und beobachteten deren Spiel ganz aus der Nähe. Sie verstanden schnell, wie man den Ball hoch oder flach fliegen, ihn nach rechts oder links wegdrehen lassen konnte. Bei der Beobachtung ihrer Arbeitgeber lernten sie, daß es keinen Ersatz für Rhythmus, Tempo und Gleichgewicht gibt. Sie begriffen, daß Golf ein Spiel mit dem Schlägerblatt ist, und nicht der Schwung, sondern die Art, in der sie den Schläger hielten, wie sie um Schläger und Ball herumstanden, ihnen die Ballkontrolle erlaubte.
• Üben Sie, den Schläger wie dargestellt zu halten. Lernen Sie aus der Reaktion des Balles. Vergegenwärtigen Sie sich, wie man einen Schlag gestaltet.

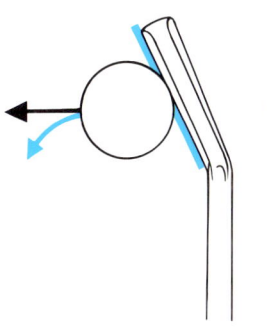

OFFENES SCHLÄGERBLATT

Mit der Ballkontrolle können Sie sowohl einen Fehler korrigieren als auch spezielle Reaktionen hervorrufen: den Ball höher fliegen oder ihn absichtlich in der Luft von links nach rechts kurven lassen. Um dies zu bewerkstelligen, sollten Sie einen längeren Schläger nehmen, ein Eisen 4 oder 5 etwa.

KURVE NACH RECHTS
Das Schlägerblatt steht offen, wenn die Führungskante nach rechts vom Ziel ausgerichtet ist. Der **Loft** vergrößert sich, und der Ball erhält beim Start einen Rechtsdrall. Dadurch fliegt er höher und kurvt nach rechts.

SCHWACHER GRIFF
Nehmen Sie den Schläger in die Hand wie dargestellt. Machen Sie Ihren Griff schwach, indem Sie die V's beider Hände so bewegen, daß sie auf einen Punkt links ihres Kinnes zeigen. Halten Sie den Schläger locker auf diese Art, drehen Sie die Hände nach rechts zurück in ihre normale Schlaghaltung, und das **Schlägerblatt** öffnet sich.

GESCHLOSSENES SCHLÄGERBLATT

Um welches Lernziel Sie sich auch gerade bemühen, denken Sie daran: Ballkontrolle bedeutet Kontrolle über das **Schlägerblatt**. Die Placierung der Hände auf dem Griff beim Ansprechen des Balles wiederum löst alle folgenden Reaktionen aus.

KURVE NACH LINKS
Ist das **Schlägerblatt** im Treffmoment geschlossen, gibt es dem Ball einen Linksdrall mit. Der Ball fliegt flacher und weiter als gewöhnlich, weil das Schlägerblatt mit weniger **Loft** auf den Ball trifft. Der Ball fliegt nach links.

STARKER GRIFF
Bei rechtwinklig ausgerichtetem Schlägerblatt werden die V's so gedreht, daß sie auf einen Punkt Ihrer rechten Schulter zeigen. Sie können die vier Knöchel Ihrer linken Hand sehen. Jetzt drehen Sie die Hände (Griff nicht lösen) zurück in ihre neutrale Position. Sie sehen nun zwei Knöchel jeder Hand, und das **Schlägerblatt** ist geschlossen. Machen Sie einige Schläge mit Eisen 4 oder 5 – aber kümmern Sie sich nicht um ein spezielles Ziel.

KAPITEL

7 SCHWUNGEBENE

Die **Ausrichtung** des Körpers beim **Ansprechen** des Balles und die Ausrichtung des **Schlägerblattes** sind die beiden ersten Prinzipien der Ballkontrolle. Das dritte ist die **Schwungebene**, die weitgehend von der Länge des jeweiligen Schlägers bestimmt wird. Längere Schläger bedingen eine flachere Schwungebene, kürzere eine steilere.

FLACHER DURCHSCHWUNG
Längere Schläger – wie der Driver (s.o.) – verlangen nach einer flacheren **Schwungebene**. Der Durchschwung ist dabei meist flacher als der **Rückschwung**.

STEILER RÜCKSCHWUNG
Kürzere Eisen mit mehr **Loft** machen eine steilere Schwungebene nötig. Im allgemeinen ist der **Rückschwung** steiler als der Durchschwung.

• HALTUNG BEIM RÜCKSCHWUNG
Der Oberkörper dreht sich, wenn die Arme den Schläger aufschwingen. Falls sich dabei die Neigung des Rückgrats verändert, verläßt der Schläger die korrekte Schwungebene. Schlechte Schläge sind die Folge, wenn beim **Rückschwung** die linke Schulter zum Ball taucht (zu steile Schwungebene) oder hoch kommt (zu flache Schwungebene). Der Oberkörper bleibt bei der Drehung gleichmäßig geneigt.

• EBENE DES RÜCKSCHWUNGS
Die Arme schwingen den Schläger höher beim Rückschwung, als sich der Körper aufdreht, und die Ebene des **Rückschwungs** ist bei geraden Schlägen steiler als die des Durchschwungs.

EINLEITUNG DES RÜCKSCHWUNGS

Die meisten Fehler passieren auf dem ersten Meter des Rückschwungs. Hand, Handgelenk oder Unterarm dürfen sich nicht selbständig machen. Oberkörper, Arme, Hände und **Schlägerblatt** drehen sich in einer gleichmäßigen Bewegung weg vom Ball.

**AM BODEN •
LASSEN**
Halten Sie das Schlägerblatt bei der Einleitung des Rück- schwungs nahe am Boden. Ihr Oberkörper dreht sich.

KÖRPERDREHUNG •
Wenn Ihre Mitte sich um 30° gedreht hat, schwingen die Arme auf. Aber: Weiter drehen!

HÄNDE •
Ihre Handgelenke sollen bequem abknicken – aber erst dann, wenn der Oberkörper sich vollständig aufgedreht hat. Ist der linke Daumen unter dem Griff, dann hat das Schlägerblatt die korrekte Schlagposition.

GEDANKEN ZUM DRALL

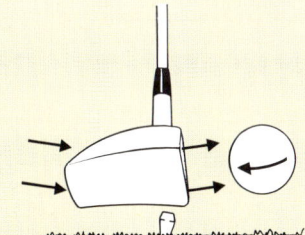

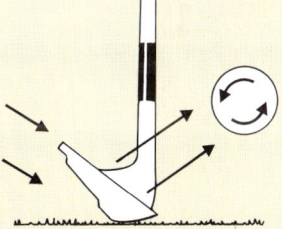

SEITLICHER DRALL
Versteht man die Bedeutung der **Ausrichtung** von Körper, **Schlägerblatt** und **Schwungebene,** wird klar, daß längere Schläger dem Ball seitlichen Drall mitgeben. Dadurch dreht er sich in der Luft in die Richtung, in der das Blatt beim Treffmoment stand.

RÜCKWÄRTSDRALL
Schläger mit mehr Loft verlangen nach einer steileren Schwungebene. Dadurch wird dem Ball **Rückwärtsdrall** mitgegeben, der ihn in jene Richtung fliegen läßt, die das Blatt im Treffmoment hatte. Stellen Sie mit einem langen Eisen und einem Pitching Wedge die Unterschiede fest!

KAPITEL

7

DER FADE

Für den **Fade** (Kurve von links nach rechts) wenden
Sie das auf den Seiten 56-61 Gelernte an. Stellen Sie
sich vor, was der Ball tun soll, wählen Sie den Stand
und Griff, die den gewünschten Ballflug produzieren.

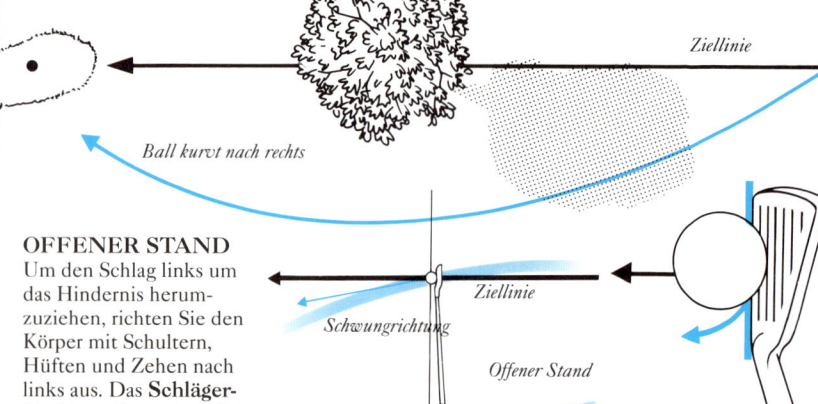

Ziellinie

Ball kurvt nach rechts

Ziellinie

Schwungrichtung

Offener Stand

OFFENER STAND

Um den Schlag links um
das Hindernis herum-
zuziehen, richten Sie den
Körper mit Schultern,
Hüften und Zehen nach
links aus. Das **Schlägerblatt** ist auf das eigentliche
Ziel gerichtet – und offen
in bezug auf Ihren Stand.
Die **Schwungebene** steht
steiler als gewöhnlich.
Dadurch fliegt der Ball
auch etwas höher.

SCHLÄGERBLATT

Das Schlägerblatt schneidet
schräg durch die Ziellinie und
läßt den Ball nach links starten. In der Luft wird der Ball
langsamer und dreht sich nach
rechts.

FEHLSCHLÄGE VERMEIDEN

DER BALL ALS LEHRER

Golfer meinen häufig, alles richtig zu tun –
und sind frustriert wegen der
wechselhaften Resultate. Auf einen guten
Schlag folgen mehrere schlechte. Was
kann man tun?
• Ihr Ball ist der ultimative Lehrer. Seine
Reaktion sagt Ihnen, wie der Schläger
ausgerichtet war und in welche Richtung
er sich im Treffmoment bewegte.
Beheben Sie den Fehler entsprechend.

AKZEPTIEREN SIE FEHLER

Zum Golf gehören Fehler. Sie sind jedoch
so lange kein Problem, wie sie sich nicht
als typisches Muster herausstellen und die
Leistung nicht generell beeinträchtigen.

HOOK UND SLICE BEHEBEN

• Kurvt der Ball nach rechts (**Slice**),
heißt das, daß das **Schlägerblatt** offen
zur **Schwungrichtung** war und einen
Drall im Uhrzeigersinn erzeugte. Ihr
Griff muß stärker werden (S. 59). Kurvt
der Ball nach links (**Hook**), muß der
Griff schwächer werden. Korrigieren Sie
Ihre Haltung und Ihre Entfernung zum
Ball, die ja auch die **Schwungrichtung**
beeinflußt.
• Bei Schlägen, die nach links starten,
schwingt der Schläger nach links.
Vielleicht sind Hüften und Zehen
korrekt ausgerichtet – aber die Schultern
zeigen nach links; es kann der ganze
Körper nach links weisen oder der Ball
zu weit links liegen.

DER DRAW

Beim Draw fliegt der Ball von rechts nach links und
weniger hoch. Er rollt weiter. Sie können ein Eisen
mit mehr Loft verwenden. Der Schwung bleibt.

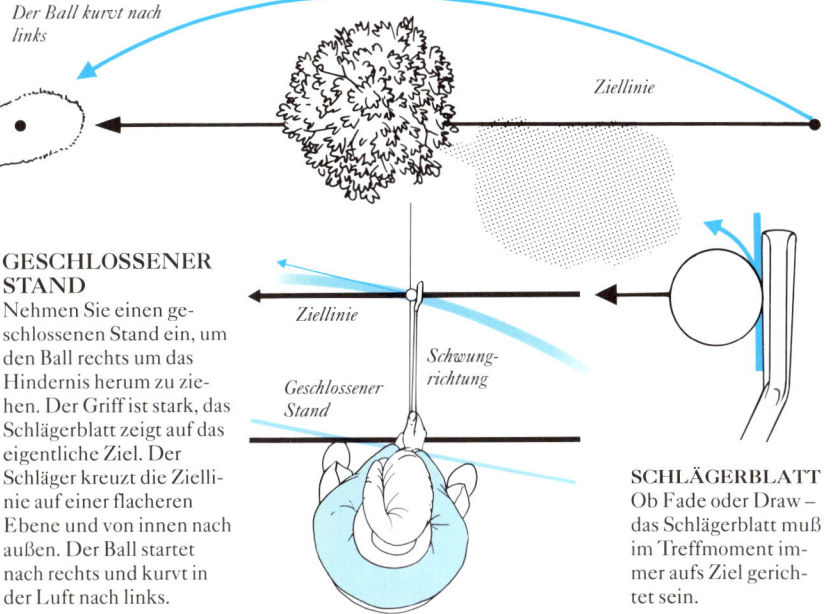

*Der Ball kurvt nach
links*

Ziellinie

GESCHLOSSENER STAND

Nehmen Sie einen ge-
schlossenen Stand ein, um
den Ball rechts um das
Hindernis herum zu zie-
hen. Der Griff ist stark, das
Schlägerblatt zeigt auf das
eigentliche Ziel. Der
Schläger kreuzt die Ziellinie auf einer flacheren
Ebene und von innen nach
außen. Der Ball startet
nach rechts und kurvt in
der Luft nach links.

Ziellinie

*Geschlossener
Stand*

*Schwung-
richtung*

SCHLÄGERBLATT

Ob Fade oder Draw –
das Schlägerblatt muß
im Treffmoment im-
mer aufs Ziel gerich-
tet sein.

FEHLSCHLÄGE VERMEIDEN

• Schläge, die nach rechts starten, zeigen
an, daß sich der Schläger nach rechts vom
Ziel bewegte. Sie könnten zu sehr nach
rechts ausgerichtet sein – oder der Ball
liegt zu weit rechts.

AUSSER KONTROLLE

Unkontrollierter Ballflug kann diese
Gründe haben:
• Der Ball startet nach links – die Schultern ziehen den Schläger hinunter und
schräg über die Ziellinie beim Versuch, besonders viel Kraft zu entwickeln; ein frü-
hes Herunterwerfen des Schlägerkopfes
kann bewirken, daß das Gewicht rechts
bleibt und der Schlägerkopf im
Treffmoment nach links vom Ziel zeigt.
• Der Ball startet nach rechts – die Arme
schwingen den Schläger schneller

herunter, als der Unterkörper aus dem
Weg gehen kann (dabei hackt man auch
leicht vor dem Ball in den Boden); die
Hüften bewegen sich seitwärts beim
Durchschwung, ohne sich zu drehen;
Schuld kann ferner (insbesondere bei
längeren Schlägern) ein ungenügendes
Aufdrehen des Oberkörpers sein, wobei
das Schlägerblatt offen bleibt.
• Alle Probleme lassen sich lösen, wenn
Sie erstens ihre Ursache erkannt haben
und wenn Sie zweitens das richtige
Timing in Ihre Schläge legen können.

DIE VIER SCHLÜSSEL

Denken Sie daran: Ihr Schläger und
schließlich auch der Ball reagieren auf
diese vier Schlüsselfaktoren: Griff,
Ausrichtung, Stand und Haltung.

KAPITEL

8 DER BUNKERSCHLAG

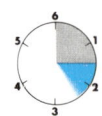

Definition: *Ein Schlag, der aus dem Sand gespielt wird.*
Fairwaybunker sind meist flacher als Grünbunker

Obgleich Bunker ein psychologisches wie
tatsächliches Hindernis für selbstbewußtes
Golf sind, werden Bunkerschläge gerne über-
analysiert. Sie sollten sich darum mit den
Grundregeln beschäftigen – und es dabei belassen.

LERNZIEL: Den Ball im ersten Versuch herausschlagen.
Schwierigkeitsgrad •••

──────── 1. Schritt ────────

ANSPRECHEN DES BALLES

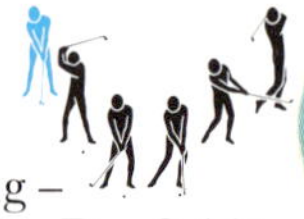

Bunkerschläge
machen ein
verändertes
Ansprechen nötig –
der Schwung bleibt. Der Schläger
dringt ein paar Zentimeter vor
dem Ball in den Sand und verläßt
ihn ein paar Zentimeter dahinter.
Durch den Sand – nicht durch den
Ball schlagen.

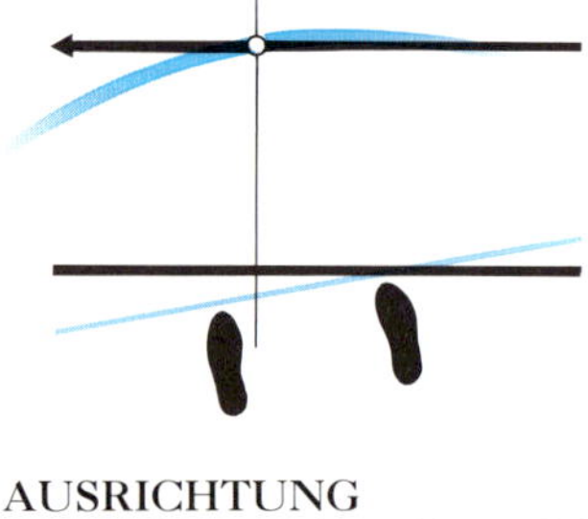

AUSRICHTUNG
Richten Sie das Schlägerblatt aufs Ziel
aus – Schultern, Hüften und Füße
1–2 m links davon.

• AUGEN
Blicken Sie ein paar
Zentimeter hinter den
Ball – dort, wo der
Schläger in den Sand
eindringen soll.

• GERADE LINIE
Ihre Hände sind dem
Schlägerkopf so weit
voraus, daß die Linie
Schlägerkopf–Hände–
linke Schulter gerade ist.

• BALL
Der Ball liegt zwischen
Ihrer Körpermitte und
dem linken Absatz.
Achtung: Beim
Ansprechen dürfen Sie
weder Ball noch Sand
berühren.

DURCH DEN SAND SCHWINGEN

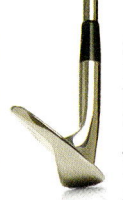

SANDWEDGE
Für einen geraden Schlag benutzen Sie den **Sandwedge**. Die speziell geformte **Sohle** läßt ihn leicht durch den Sand gleiten.

DAS INNERE AUGE
Man muß nur begreifen, um was es geht. Auch wenn Ihr Oberkörper sich aufdreht, behält er Haltung, Gleichgewicht und Drehachse bei. Die linke Schulter bewegt sich nach unten, unter das Kinn, die rechte zurück und nach oben und nimmt die Arme mit. Die Hüften reagieren, das Gewicht geht nach rechts.

---

2. Schritt

RÜCKSCHWUNG

Nachdem Sie sich links vom Ziel ausgerichtet haben, schwingen Sie den Schläger in diese Richtung. Das **Schlägerblatt** weist zum Loch, befördert den Ball nach oben und zum Loch hin, wo es ihn sanft landen läßt.

SCHWUNG
Der Schwung durch den Sand unterscheidet sich nicht vom normalen Schwung – wohl aber die **Schwungebene**. Sie wird steiler, um in den Sand und unter den Ball zu kommen.

ABSICHT
Sie wollen den Sand herausschlagen, auf dem der Ball liegt – nicht den Ball selbst.

FÜSSE
Verschaffen Sie sich sicheren Stand, indem Sie die Füße in den Sand „hineindrehen" – den linken etwas tiefer als den rechten.

KNIE
Das linke Knie dreht sich zum Ball, während das rechte bequem gebeugt bleibt.

AUF DEM HÖCHSTEN PUNKT
Das Rückgrat rotiert, ohne dabei seinen Neigungswinkel zu verändern. Die Arme schwingen ganz auf; dabei hebt sich der Körper nicht. Der Schläger zeigt in dieselbe Richtung wie die Füße.

KAPITEL

8

— 3. Schritt —
DER SCHLAG

Wenn Sie zum Schlag herunterschwingen, dreht sich der Körper und das Gewicht verlagert sich nach links. Dann fallen die Arme und zuletzt der **Schlägerkopf**. Amateure reißen den Schläger häufig zu schnell herunter.

• RUHIGER KOPF
Halten Sie den Kopf ruhig. Ihre Augen beobachten nur den Ball. Bewegen Sie den Kopf nicht, bevor die rechte Schulter unter dem Kinn ist.

• SCHULTERN
Die rechte Schulter kommt unter das Kinn, die linke zurück und nach oben.

• KNIE
Das rechte Knie ist der Drehpunkt für den ganzen Körper beim **Rückschwung**. Dieselbe Aufgabe hat das linke Knie beim **Durchschwung**.

UNVERÄNDERTES DREIECK •
Das Dreieck aus Schultern, Oberarmen und Griff ist dasselbe wie beim **Ansprechen** des Balles.

TREFFMOMENT •
Das Gewicht verlagert sich ganz auf die linke Seite, bevor der Schläger in den Sand eindringt. Die Hüften drehen sich nach links, schaffen Raum für Arme und Hände, damit diese den **Schlägerkopf** herunter- und durch den Sand schwingen können. Das **Schlägerblatt** gleitet durch den Sand. Erst nach dem Treffmoment überholt der Schlägerkopf die Hände.

TEE-TIP

DEN BALL VERGESSEN
Der Körper arbeitet am besten, wenn der Geist untätig ist. Denken Sie also nicht zu viel über Bunkerschläge nach. Wer **Bunker** fürchtet, sollte sich vorstellen, sein Ball säße auf einem **Tee**, das im Sand versteckt ist. Stellen Sie sich vor, Sie würden das Tee zum Grün schlagen. Vergessen Sie den Ball!

Tee

4. Schritt

DURCHSCHWUNG

Schlägerblatt und Ball berühren sich nie bei einem guten **Bunkerschlag**. Das Schlägerblatt nimmt den Sand mit, der Sand den Ball.

• ARME
Je mehr **Loft**, desto höher fliegt der Ball. Lassen Sie Ihre Arme frei schwingen bei spätem Einsatz des **Schlägerblattes**.

VOLLER SCHWUNG
Da der Ball aus dem Sand nicht hochspringt, ist ein voller Schwung nötig.

SCHLÄGER •
Der Schläger folgt dem Pfad Ihrer Ausrichtung beim **Ansprechen**: Blickt das **Schlägerblatt** zum Ziel, fliegt auch der Ball dorthin.

IM BUNKER GELANDET

SANDSTRUKTUR
Je nach Sandstruktur ist ein unterschiedlicher Schwung nötig: Ist der Sand locker wie Puder, dann gleitet der Schläger leicht hindurch. Bei grobem und nassem Sand ist ein kräftigerer Schwung nötig. Drehen Sie Ihre Füße gut in den Sand ein. Ihr linker Absatz muß sich beim Rückschwung freilich vom Boden lösen fürs Gleichgewicht.

EINGEBOHRTER BALL
Wenn sich der Ball in den Sand eingebohrt hat, muß das **Schlägerblatt** nach links vom Ziel ausgerichtet werden. Der Ball liegt näher am rechten Fuß. Die Handgelenke werden für einen steilen Rückschwung früh abgeknickt und beim Durchschwung früh freigegeben. Dabei zielt man auf die Spitze des Balles.

KAPITEL

8

DER VOLLSTÄNDIGE BUNKERSCHLAG

Bei diesem Schlag spritzt der Sand auf. Er ist leicht und rhythmisch. Der Spieler öffnet Schlägerblatt und Stand und schwingt ohne zusätzliche Kraft ganz durch.

• **AUSRICHTUNG**
Der Spieler ist nach links ausgerichtet, um steiler herunterschwingen zu können.

• **RÜCKSCHWUNG**
Der Oberkörper dreht sich, um den **Rückschwung** einzuleiten, während der Unterkörper das Gewicht verlagert und sich in Richtung Ziel dreht, um den Durchschwung zu starten.

SCHWUNGGEDANKEN

SICHERER HALT
Ignorieren Sie den Ball. Sie wollen das Sandkissen davor und darunter aufs Grün schlagen. Drehen Sie Ihre Füße fest in den Sand ein. Bei feuchtem, festem Sand nehmen Sie den Pitching Wedge, nicht den **Sandwedge**.

SCHWUNGSTIL
Manche variieren die Schwungweite, um die Schlagweite zu verändern. Andere schwingen voll durch und nehmen unterschiedlich viel Sand mit. Probieren Sie beide Methoden aus, um die für Sie richtige zu ermitteln.

DURCHSCHWUNG •
Die Arme reagieren auf die Körperdrehung für einen vollen, mühelosen **Durchschwung**.

• VOLLER SCHWUNG
Dank der gestreckten Arme hat der Schwungbogen seine vollständige Weite, während das Schlägerblatt zum Ziel ausgerichtet ist.

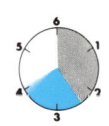

KAPITEL 9

SCHWIERIGE LAGEN

Definition: *Wenn der Boden den Schlag behindert*

Zwischen dem **Abschlag** und dem **Grün** liegt gefährliches Terrain – mit Bodenwellen und schrägen Lagen. Der Ball kann im Aufwärts, Abwärts oder an einer Bodenwelle liegen. Denken Sie auf jeden Fall daran, den Schläger durch den Ball zu schwingen, für einen guten Ballkontakt zu sorgen und im Gleichgewicht zu bleiben.

LERNZIEL: Gute Befreiungsschläge aus dem Rauhen und von unebenem Terrain. *Schwierigkeitsgrad* •••••

AUFWÄRTSLAGE

Stellen Sie sich so hin, daß **Durchschwung**, Kontakt und Balance gewährleistet sind. Dann läuft der Schwung auf natürliche Weise ab. Keine Panik!

ARME •
Richten Sie die entspannten Schultern parallel zur Geländeneigung aus, damit Sie durch den Ball schwingen können. Der Schwung kommt vorwiegend aus den Armen, weil zwei komplette Körperdrehungen aus dieser Position schwer zu bewerkstelligen sind.

• HÜFTEN
Hüften und Taille sind parallel zum Boden und erleichtern so den Schwung.

• LINKER FUSS
Der Ball liegt näher am linken Fuß bei einer Aufwärtslage. Zielen Sie etwas nach rechts, um der Tendenz des Balles, nach links zu fliegen, zu begegnen.

GLEICHGEWICHT•
Beachten Sie, daß die Schulterausrichtung das Gewicht auf den unteren Fuß verlagert. Bleiben Sie im Gleichgewicht!

ANGRIFFSWINKEL

Verzichten Sie in dieser unbe-
quemen, manchmal prekären
Haltung auf einen vollen Rück-
schwung – Sie könnten das
Gleichgewicht verlieren. Lassen
Sie die Arme frei schwingen. Die
Schwungebene darf etwas flacher
sein.

• AUFWÄRTS KEHREN
Schwingen Sie den Schläger mit den
Armen um sich herum und nicht so
sehr hoch. „Kehren" Sie den Ball die
Bodenwelle
hoch.

DURCHSCHWUNG
Der **Durchschwung** ist viel voll-
ständiger als der **Rückschwung**.
Die Arme schwingen den Schläger
durch den Ball. Leicht verlieren
Sie dabei das Gleichgewicht. Das
macht nichts.

• SCHULTERN
Schultern und Rücken bleiben
total passiv.

• BEINE
Die Beine bewegen sich
während des gesamten
Schwungs nur wenig. We-
gen der Geländeneigung
können die Beine den
Schwung kaum unter-
stützen – sie sind mit
der Erhaltung des
Gleichgewichts be-
schäftigt.

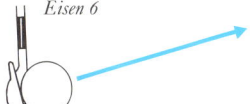

Eisen 6

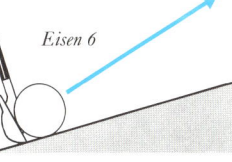

Eisen 6

SCHLÄGERWAHL
Durch die Bodenwelle nimmt
der Loft beim Ansprechen
des Balles zu. Darum wirkt
ein Eisen 6 am Hang wie ein
Eisen 8 (s. oben). Der Ball
fliegt nach links.

KAPITEL

9 ABWÄRTSLAGE

Wenden Sie dieselben Techniken für die Abwärts- wie für die Aufwärtslage an. Ihr Stand sieht jedoch anders aus: Stand, Gleichgewicht und alle Körperbewegungen sind behindert. Beide Lagen verlangen jedoch nach einem „kehrenden" Schlag, bei dem Sie entlang der Neigung schwingen.

• GLEICHGEWICHT
Je nach Neigung der Bodenwelle verlagern Sie Ihr Gewicht gut nach vorne. Die Schultern sind dem Boden parallel, der Kopf sieht fast senkrecht auf den unteren Fuß hinab.

• UNTERSTÜTZUNG
Hüfte und Knie tragen die Last, um Ruhe bei der Vorbereitung und beim Schwung aufrechtzuerhalten.

• SCHLÄGERWAHL
Nehmen Sie einen Schläger mit mehr Loft als sonst für die erforderliche Distanz.

**LOSE •
HÄNGEN**
Lassen Sie die Arme lose herunterhängen. Die Arme verrichten nahezu die ganze Arbeit.

• BALL
Stellen Sie sich so hin, daß der Ball näher am höheren Fuß liegt (bei Rechtshändern der rechte Fuß).

ABWÄRTS BEWEGLICH BLEIBEN

ABWÄRTSSCHWUNG
Der Ball fliegt aus einer Abwärtslage niedriger und weiter, benutzen Sie darum einen Schläger mit mehr Loft als für dieselbe Entfernung auf der Flachen. Da der Ball nahe dem höheren Fuß liegt und die Schwungebene steiler ist, will er nach rechts starten. Zielen Sie also auf einen Punkt links vom Ziel.

ABWÄRTSPITCH
Stellen Sie sich offen hin, beispielsweise mit einem **Sandwedge**. Der untere Fuß bleibt ruhig, die Handgelenke fest, das Blatt offen. „Kehren" Sie den Hang hinunter.

ABWÄRTSLAGE IM BUNKER
Der Ball liegt näher am höheren Fuß. Die Schultern sind der Bodenneigung parallel, das Schlägerblatt ist geöffnet. Beim **Rückschwung** wird der Schläger von den Armen steil hochgenommen. Zielen Sie hinter den Ball und folgen Sie dem Gefälle. Der Ball fliegt flacher und rollt weiter.

ABWÄRTSCHIP
Für lange Abwärtschips nehmen Sie Eisen 8 oder 9. Sie stellen sich normal hin. Der Ball liegt etwas rechts der Körpermitte. Das **Schlägerblatt** steht rechtwinklig zum Ziel.

ANGRIFFSWINKEL

Je stärker das Gefälle, desto unangenehmer fühlt sich der Schlag an. Auch wenn der Oberkörper sich aufdreht, der **Rückschwung** wird von den Armen durch steiles Hochführen des Schlägers übernommen. Hüfte und Beine bleiben ruhig, um das Gleichgewicht zu wahren.

HÄNDE•
Der Schläger wird bei festem Handgelenk locker gehalten. Die Hände führen den **Schlägerkopf** durch den Treffmoment zur Sicherung eines guten Ballkontaktes. Peitschende Bewegungen mit dem Handgelenk bewirken, daß Sie vor dem Ball in den Boden schlagen.

REAKTION •
Unterkörper, Hüften und Beine reagieren auf die abwärts schwingenden Arme. Sie drehen sich sofort aus dem Weg, wenn die Arme herunterkommen.

Eisen 6

Eisen 8

SCHLÄGERWAHL
Wenn Sie ein Eisen 6 auf der Flachen benutzen (oben), um den dargestellten Abflugwinkel zu erzielen, benötigen Sie für den Schlag aus einer Abwärtslage für dieselbe Flugbahn ein Eisen mit mehr Loft, ein Eisen 8 etwa.

KURZ BLEIBEN
Der Ball fliegt niedriger und rollt weiter aus einer Abwärtslage(ganz im Gegenteil zur Aufwärtslage). Lassen Sie darum den Ball vor dem Grün landen, um die niedrigere **Flugbahn** und das längere Rollen zu nutzen.

DURCHSCHWUNG
Schwingen Sie den Schläger die Geländeneigung hinunter, während sich der Körper Richtung Ziel dreht. Die unbequeme Haltung endet nach dem Treffmoment. Richten Sie sich darauf ein, dann auch das Gleichgewicht zu verlieren.

KAPITEL

9

ZIELEN
Bei geringem Höhen-unterschied müssen Sie nicht nach rechts zielen.

SCHULTERN
Die Schultern sind entspannt und ausgerichtet wie Hüften, Füße und **Ziellinie**.

HALTUNG
Halten Sie das Rückgrat bequem gerade und beugen Sie sich nur wenig aus den Hüften vor.

DIE BASIS
Beugen Sie die Knie etwas und halten Sie die Beine ruhig für eine sichere Schwungbasis.

HALTUNG AM HANG
Mit dem Gewicht mehr auf den Zehen als auf den Fersen haben Sie das Gefühl, sich gegen den Hang zu lehnen.

BALL OBERHALB DER FÜSSE

Beim Schlag quer zum Hang müssen Stand und Ausrichtung angepaßt werden. **Ausrichtung** und Gleichgewicht – dazu guter Ballkontakt – sind wiederum die entscheidenden Faktoren. Liegt der Ball oberhalb Ihrer Füße, bringt Sie das näher zum Ball. Außerdem stehen Sie gerader.

GRIFF
Greifen Sie den Schläger kürzer.

SCHLÄGERWAHL
Nehmen Sie denselben Schläger für die erfor-derliche Distanz wie auf der Flachen.

ANSPRECHEN DES BALLES
Mit längeren Schlägern, die weniger Loft haben, stellen Sie sich so hin, daß der Ball in Ihrer Mitte liegt. Bei kürzeren Schlägern liegt der Ball näher zum rechten Fuß, da diese den Ball mehr nach links ziehen.

DER KAMPF AM BERG

FLUGRICHTUNG
Ob Sie nun mit dem Gesicht oder Rücken zum Hang stehen – der Ball wird in der Luft in Richtung des Gefälles abdrehen.

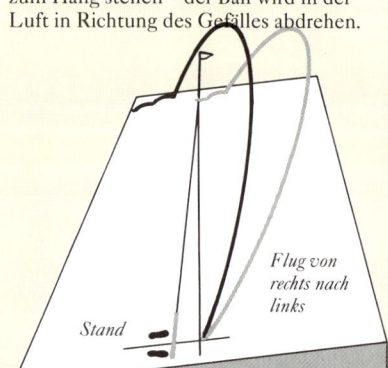

Flug von rechts nach links

Stand

UNBEQUEME WAHRHEITEN
• Liegt der Ball höher, sind Sie zu aufrechterer Haltung gezwungen, zu einem kürzeren Griff und zur Gewichtsverlagerung auf die Zehen.

• Für einen guten Schlag sollte der Ball normalerweise in Ihrer Mitte liegen. Bei schwierigeren Lagen kann Ihr Körper nicht mitarbeiten, da er mit der Erhaltung des Gleichgewichts beschäftigt ist. Ferner können Ihre Arme nicht frei schwingen. Es ist darum besser, den Ball rechts von der Mitte zu spielen.

RÜCK- SCHWUNG

Die Arme führen das **Schlägerblatt** unabhängig vom Unterkörper.

ANGRIFFSWINKEL

Wenn Sie den Schläger zurückführen, schwingen Sie ihn mit den Armen auf. Schultern und Unterkörper drehen sich mit. Hüften und Beine sind jedoch vor allem mit der Erhaltung des Gleichgewichts beschäftigt.

SCHULTERN

Die Schultern rotieren auf einer ungewöhnlich flachen Schwung- ebene bei solch einer schwierigen Lage. Gleich- wohl muß man dabei sehr auf- recht stehen.

HÜFTEN

Die Hüften drehen sich ebenfalls auf einer flachen Ebene. Zuviel Bewegung verursacht Gleichgewichtsverlust an steilen Hängen.

UNTERKÖRPER

Die Beinaktion ist nur gering – völlig anders als beim vollen Schwung auf der Flachen, wo Hüften, Beine und Füße eine große Rolle für einen guten, runden Schlag spielen.

DURCHSCHWUNG

Balance ist der Schlüssel für den Schlag, bei dem der Ball oberhalb der Füße liegt, vor allem beim Durchschwung. Die Arme schwingen unabhängig vom Körper, um das Gleichgewicht nicht zu stören.

GEIST GEGEN KÖRPER

Denken Sie über einen sauberen Kontakt nach. Golf ist eine Gefühlssache. Bei allen schwierigen Schlägen wird das Resultat vom mentalen Angang bestimmt. Glauben Sie an den Erfolg – dann wird er sich einstellen. Und umgekehrt.

FRAGE DES GLEICHGEWICHTS

Liegt der Ball oberhalb der Füße, können sich die Hüften nicht voll drehen, Sie stehen aufrecht, und die **Schwungebene** bleibt flacher als bei einer normalen Ballage. Um ein gutes Gleichgewicht aufrechtzu- erhalten, dürfen die Schultern nicht verkrampft sein.

KAPITEL

9 BALL UNTERHALB DER FÜSSE

Ihr Stand wird bestimmt von der Geländeneigung, von der Notwendigkeit, im Gleichgewicht zu bleiben und für einen sauberen Ballkontakt zu sorgen. Da gibt es nur eins: Sie müssen entspannt bleiben.

• KONZENTRATION
Bei Schlägen quer zum Hang können Sie nicht viel Kraft entwickeln. Darum wird auch die Weite geringer sein. Konzentrieren Sie sich darum für einen erfolgreichen Schlag auf die Erhaltung des Gleichgewichts.

• ARMHALTUNG
Lassen Sie Ihre Arme gerade herunterhängen und halten Sie den Schläger locker, wenn der Ball nicht in tiefem Gras liegt.

HALTUNG •
Lehnen Sie sich in den Hügel zurück und halten Sie das Rückgrat gerade. Wenn Sie sich jetzt aus der Taille vorbeugen, kippen Sie nach vorne.

• GRIFF
Der Ball liegt weiter weg von Ihnen. Deshalb müssen Sie Ihren Griff verlängern: Das Ende des Schaftes sitzt auf dem linken Handballen.

GEGENGEWICHT •
Die Beine sind auf ihrer Rückseite stark angespannt. Das Gesäß dient als Gegengewicht zum Kopf. Der Körper „sitzt" über Knien und Füßen.

• BALL IM ZENTRUM
Der Ball liegt in der Mitte Ihres Standes, um einen sauberen Kontakt zu gewährleisten.

FÜSSE •
Das Gewicht ruht sicher auf den Fersen.

• ZIEL
Ist das Gefälle stark, dann schlagen Sie den Ball nur in die generelle Richtung des Ziels.

GEFÄLLE UND SCHWUNG

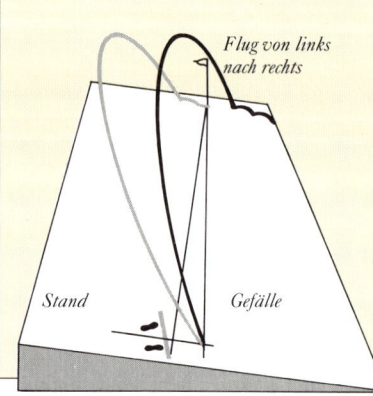

Flug von links nach rechts

Stand   *Gefälle*

STEILER SCHWUNG
Steht man oberhalb des Balles, wird der **Rückschwung** auf eine sehr steile **Schwungebene** gezwungen. Je weiter Sie den Ball schlagen müssen, desto schwieriger ist es, das **Schlägerblatt** im Treffmoment rechtwinklig zum Ziel ausgerichtet zu haben. Wegen der steilen Schwungebene zeigt es nach rechts und wird den Ball auch nach rechts schicken. Zum Ausgleich sollten Sie nach links zielen. Die Ausrichtung des Schlägerblattes im Verhältnis zur Schwungebene bestimmt Drall und Richtung des Balles.

SCHWUNG-BEHINDERUNG

Rückschwung und Durchschwung sind behindert. Bestenfalls kommt ein 75-%-Schwung dabei heraus. Stand, Rückschwung und Durchschwung zeigen, wie das Rückgrat seine Neigung während der Drehung beibehalten hat. Das muß auch bei Schlägen von der Flachen so sein.

ANGRIFFSWINKEL

Ihre Schwungebene ist stark eingeschränkt durch die Kontur des in dieser Situation abfallenden Geländes und durch die Entfernung zum Ball, die größer ist als in der normalen **Ansprechposition**. Die Behinderung des Rückschwungs (unten links) ist deutlich erkennbar.

• ARME

Die Arme schwingen den Schläger entschlossen und steil auf. Die Schwungebene – sie wird vorgegeben durch die Linie, die vom linken Handgelenk zum Ellbogen verläuft – zeigt zum Ball.

NICHT AUFRICHTEN

Beim vollen Rückschwung fühlen Sie, wie die Belastung Ihrer Beine an ihrer Rückseite zunimmt, während Ihr Gesäß das Gegengewicht zum Oberkörper darstellt. Die Knie sind gebeugt. Ihr Schwerpunkt liegt so tief wie möglich. Wenn Sie sich jetzt aufrichten, wird Ihr Schlag ruiniert.

FUSSARBEIT

Sie müssen so sicher stehen wie irgend möglich. Sohlen mit Spikes (s.S.18) sind darum sehr wichtig. Eine „fußlose" Bewegung könnte Sie jetzt straucheln lassen. Machen Sie sich schwer, aber bleiben Sie entspannt. Fühlen Sie, wie der Boden gegen Ihre Füße „drückt".

DURCHSCHWUNG

Wie auch beim Ball oberhalb der Füße folgt auf den **Durchschwung** ein Ende der Unbequemlichkeit von Haltung, Rückschwung und **Gleichgewicht**.

KAPITEL

10 DAS SPIEL IN DER PRAXIS

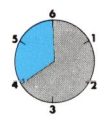

Definition: *Alle Lernziele in die Praxis umsetzen*

Im Rahmen Ihrer Möglichkeiten – und Grenzen – bemühen Sie sich, die „Fallen" zu vermeiden, die der Golfplatz-Architekt eingebaut hat. Konzentrieren Sie sich immer aufs nächste Ziel – nicht auf den Schwung.

LERNZIEL: Den Ball vom Abschlag mit möglichst wenigen Schlägen bis zum Loch befördern. *Schwierigkeitsgrad* •••

ANNÄHERUNG MIT VORSICHT

Ein Par-4-Loch von 370 m aus der Vogelperspektive mit den Hemmnissen und Hindernissen, die zu vermeiden sind.

Empfohlene Route für Anfänger •

Direkte Route für Professionals •

• FAIRWAY
Das Fairway ist das Gebiet, wo das Gras gemäht ist und von wo aus Sie Ihren 2. und 3. Schlag spielen. Im Rauhen daneben (dunkelgrün) ist das Gras länger.

• ABSCHLAG
Damen von der roten Markierung (vorne), Herren von der gelben (Mitte), im Turnier von der weißen (hinten).

• DIE PLATZGRENZE

Weiße Pfähle markieren häufig die Grenzen des Platzes. Jeder Ball, der jenseits dieser Grenze landet, muß von der ursprünglichen Stelle neu gespielt werden. Und dazu: 1 Strafschlag.

• IHRE ROUTE

Die blaue Linie vom Abschlag zum Loch markiert die Route für den Anfänger.

• VORGRÜN

Das **Vorgrün** umrandet das **Grün** und ist bis zu 4 m breit.

• GRÜN

Das **Grün** ist extrem kurz geschnitten für ein glattes, manchmal sehr schnelles Rollen des Balles. Verwenden Sie auf dieser Fläche nur den Putter.

• LOCH

Es hat einen Durchmesser von 10,8 cm.

• BUNKER

Bunker – zerklüftete Gebiete mit einer Sandoberfläche – sind auf die Fairways und rings ums **Grün** verteilt.

• HEMMNISSE

Bunker, Seen, Flüsse und Ufer sind Hemmnisse, wo Sie den Schläger beim Ansprechen des Balles nicht aufsetzen dürfen. Das Aufsetzen gilt als Verbesserung der Lage und wird im Wettkampf mit einem Strafschlag geahndet.

PROZENT-SPIEL

TIPS FÜR EIN POSITIVES SPIEL

• Der Profi erreicht das Grün mit 2 Schlägen. Bevor Sie dessen Kraft und Ballkontrolle haben, sollten Sie die sichere Route wählen, sowohl Bunker als auch Bäume vermeiden.

• Jeder Schlag hat ein Ziel und jedes Loch einen Plan unter Einbeziehung Ihres Könnens. Entwickeln Sie also Ihr ganz spezielles Ziel.

• Werden Sie zielorientiert. Denken Sie nicht an den Schwung, sondern an die erfolgreiche Landung des Balles in der Zielzone.

NICHT VORAUSDENKEN

• Denken Sie in der Gegenwart und nur an den aktuellen Schlag. Sie können kein gutes Golf spielen, wenn Sie sich um Zukünftiges sorgen.

• Zollen Sie dem Kursgestalter Respekt. Er weiß, wie Sie denken. Er fordert Sie heraus – Sie müssen die Herausforderung nicht annehmen.

• Par ist für die Profis. Die sollen das Grün eines Par-3-Loches mit 1 Schlag, das eines Par-4-Loches in 2 und das eines Par-5-Loches in 3 Schlägen erreichen – Sie nicht.

• DAS AUS

Der weiße Zaun markiert die Platzgrenze. Wenn der Ball den Platz verläßt, muß der Schlag wieder-
holt und ein Strafschlag
angerechnet werden.
Schlagen Sie so nahe,
wie die Markierung
erlaubt, am Zaun ab:
Es liegt in der Na-
tur der Sache,
daß Sie dann
auf einen si-
cheren Teil
des Fairway
zielen.

AUFTEEN

Bevor Sie aufteen,
vergegenwärtigen
Sie sich den
gewünschten Ballflug
und einen guten Schlag. „Sehen"
Sie sich vom Ziel aus zu, wie Sie die
Ausgrenze vermeiden.

No. 7
YDS
MTRS
PA

No. 12
YDS
MTRS 407
PAR 372
S. I. 4
10

ABSCHLAG-
MARKIERUNG

Schilder neben dem Abschlag
informieren Sie über
Nummer des Loches, Par und
relativen Schwierigkeitsgrad
(s. S.88-89) und helfen, eine
Strategie für das Loch wie für
den Treibschlag zu
entwickeln.

TIPS FÜR DEN ABSCHLAG

UNTERSCHIEDLICHE TEES

Verwenden Sie ein **Tee** beim Abschlag,
weil der Ball getroffen wird, wenn sich der
Schlägerkopf schon nach oben bewegt.
Der Ball soll um seine Hälfte über den
Schlägerkopf hinausgucken. Verwenden
Sie ein je nach **Holz** unterschiedlich
langes Tee.

MIT DEM WIND ABSCHLAGEN

Lassen Sie den **Driver** in der Tasche und
nehmen Sie ein Holz 3 oder 4. Damit ist
der Ball eher in der Luft, bekommt mehr
Rückenwind und fliegt weiter.
Verwenden Sie ein Tee, aber achten Sie
darauf, daß es ausreichend tief im Boden
steckt.

GEGEN DEN WIND
ABSCHLAGEN

Versuchen Sie nicht, den Ball härter zu
schlagen, sondern besser zu treffen.
Windiges Wetter kann Ihr Spiel stören.
Konzentrieren Sie sich auf ein
entspanntes, lockeres Herangehen an den
Ball und einen rhythmischen Schwung.

SICHERHEITS- STRATEGIE

Schauen Sie nach einer sicheren Alternative aus, um einen Schlag direkt über Hindernisse zu vermeiden. Suchen Sie sich bei jedem Schlag ein Ziel, das Sie von möglichen Problemen fernhält.

IHR ZWEITER SCHLAG

Es ist viel besser, kurz zu bleiben, als alles zu riskieren, indem man versucht, von hier aus über den Fluß und den Baum zu schlagen. Die grau dargestellte Route ist riskant, während die Alternative (blau) für den Anfänger viel angebrachter ist.

IDEALE ANNÄHERUNG
Der ideale Schlag für den unerfahrenen Anfänger landet nach 110 m links vom Baum. Von da aus haben Sie eine gute Position für eine einfache Annäherung ans Grün.

FEHLSCHLÄGE
Haben Sie keine Angst vor Fehlern! Das Geheimnis von Golf ist, sich immer nur um den aktuellen Schlag zu kümmern – und später um den nächsten.

KEINE GLÜCKSSPIELE!
Wenn Sie einmal nicht Richtung Flagge spielen können, betrachten Sie das als „Schuld" des Kurses, die Sie später einfordern können.

DAS SPIEL MIT DEM SCHLÄGERBLATT

NIEDRIG FLIEGENDER PITCH
Nach einem Fehlschlag müssen Sie versuchen, den Ball wieder ins Spiel zu bringen – und wenn Sie zur Seite oder nach hinten spielen. Hier liegt der Ball in höherem Gras und hinter einem Baum. Am besten schlägt man ihn seitwärts, um die überhängenden Äste zu vermeiden. Mit steigenden Fertigkeiten können Sie auch ein Eisen 9 oder einen Wedge nehmen, um die Fahne direkt anzuspielen mit einem Punch (hart geschlagener Pitch, bei dem der Schlägerkopf tief bleibt und sich Richtung Ziel bewegt). Durch die Gewichtsverlagerung nach links können Sie dem Ball etwas Rückwärtsdrall mitgeben. Trotzdem rollt er weiter als bei einem hohen Pitch.

10 ÜBER DEN FLUSS

Für den Schlag über den Fluß verwenden Sie ein Eisen 8 oder 9 mit viel Loft, das den Ball sicher hinübertragen wird. Spielen Sie das **Grün** vorne an und meiden Sie den **Bunker.**

JEDEN SCHLAG PLANEN

Aus dieser Position – etwa 110 m vom Loch entfernt – sollten Sie mit nicht mehr als 3 Schlägen einlochen.

• FESTLAND

Auch wenn der Ball auf dem Grün landen soll – bleiben Sie etwas kurz, dann wird er immer noch das sichere Vorgrün erreichen.

—RAUHE BEHANDLUNG—

BALL IN HOHEM GRAS

Wenn Sie beim Ansprechen des Balles seine Lage verändern, zählt das als Schlag. Liegt der Ball einigermaßen gut im hohen Gras, spielen Sie ihn genauso wie aus einem Bunker (s.S.65-67). Das Schläger-blatt ist aufs Ziel ausgerichtet, und Sie stehen etwas offen (nach links).

BALL TIEF IN HOHEM GRAS

Liegt der Ball ganz tief in hohem Gras, fassen Sie einen Schläger mit viel **Loft** fest an und spielen den Ball kraftvoll aus einer Lage mehr am rechten Fuß. Die Handgelenke knicken früh ab, die Arme schwingen steil auf und zum Ball, das rechte Knie bleibt gebeugt, der Kopf wird ruhiggehalten.

SCHWIERIGE LAGE

Betrachten Sie einen schwierigen Schlag nie als Bedrohung Ihres Ego oder Selbst-vertrauens – daraus würde nur eine nervö-se, gehemmte Reaktion resultieren. Sol-che Schläge sind eine günstige Gelegen-heit, sich aus einer mißlichen Lage zu be-freien. Schlagen Sie jedoch nicht planlos zu. Überlegen Sie sich, wie der Ball flie-gen, wo er landen, wie weit er rollen soll. Denken Sie daran: Das **Schlägerblatt** be-wegt den Ball – nicht Sie!

SCHLÄGERWAHL
Ein Putt mit einem Eisen
7 hebt den Ball aufs **Grün**
und läßt ihn bis zur Fahne
rollen.

IDEALE •
ANNÄHERUNG
Spielen Sie den Ball unten aufs
Grün (x), damit er hochrollen
kann. Lassen Sie ihn nicht auf
das obere Plateau fliegen. Er
stoppt vielleicht nicht
rechtzeitig, rollt das Grün
hinunter und ins Wasser.

AUFS GRÜN CHIPPEN

Das Loch ist hinten auf
der oberen Stufe des
Grüns. Dahinter geht es
steil runter zum Fluß. Ihr
Pitch, nicht ganz perfekt, landet
auf dem **Vorgrün**, und Sie müssen mit
einem „**Putter** mit Loft" putten.

EINLOCHEN

Ihr Chip endet
nicht weiter als
1 m vom Loch
entfernt. Jetzt
wird mit einem
kurzen Putt eingeloch. Putten Sie
nicht achtlos! Das Spiel kann mit dem
Putt gewonnen oder verloren werden.
Und: Ein Putt zählt genauso viel wie
ein 180-m-Schlag!

MENTALE ANNÄHERUNG
Gehen Sie davon aus, daß Sie **einlochen**!
Zweifel und Unsicherheit führen zu einem
zögerlichen Putt – der vorbeigeht. Bleiben
Sie bei der einmal gewählten Linie. Denken
Sie daran: Ein guter Ballkontakt rührt von
einem Drittel Rückschwung und zwei
Dritteln Durchschwung her.

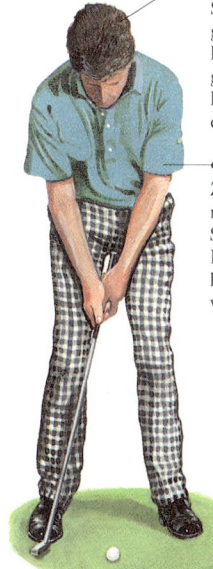

• ZIELEN
Selbst auf stark
gewellten Grüns ist jeder
Putt gerade – das heißt,
gerade bis zu jenem
Punkt, an dem der Ball
der Welle nachläuft.

• FEST PUTTEN
Zu kurze Putts gehen
nicht ins Loch. Schlagen
Sie so fest zu, daß der
Ball 15 cm übers Loch
hinausläuft – falls Sie es
verfehlen.

TIPS FÜR FORTGESCHRITTENE

Das Gelernte auf dem Golfplatz einsetzen

Nachdem Sie den Intensivkurs absolviert haben, sollten Sie einem Golfclub beitreten, wenn Sie weitere Fortschritte machen wollen. Auf dem Platz haben Sie einen Pro, einen Laden mit einem breiten Sortiment an Golfausrüstung (einschließlich gebrauchter Schläger), ein Übungsgelände, häufig auch eine Driving Range und die Chance, mit Partnern Ihrer oder größerer Spielstärke zu spielen. Sehen Sie sich die Clubs in Ihrer Gegend an. Wegen der begrenzten Aufnahmefähigkeit der Clubs kann es sein, daß derjenige, dem Sie beitreten wollen, eine Warteliste hat. Fragen Sie nach den Anmelderegularien. Sie werden Eintrittsgeld und Jahresbeiträge zahlen müssen.

Wie man ein Handicap bekommt

Viele Clubs (in England) bestehen darauf, daß potentielle Mitglieder ein offizielles Handicap (s.S.88-89) haben, bevor eine Aufnahme erwogen wird. Das ist Trick 17, weil man zuerst Mitglied eines Clubs sein muß, bevor man ein Handicap bekommen kann. In Deutschland gibt es immer mehr öffentliche Golfplätze, auf denen man gegen Entrichtung einer Gebühr spielen darf. Inzwischen ist auch eine Vereinigung clubfreier Golfer e.V. (VCG) gegründet worden, die es auch nichtorganisierten Golfern erlaubt, ein Handicap zu erwerben und auf einer ganzen Reihe von Plätzen zu spielen.

Training ist wichtig

Ob Sie nun auf einem privaten oder öffentlichen Platz spielen – nehmen Sie Unterricht bei einem Pro(fessional), zumindest eine halbe Stunde pro Monat. Meist müssen Sie nicht einmal Mitglied sein, um von einem Clubpro unterrichtet werden zu können. Im Golf bekommt man nur heraus, was man hineingesteckt hat!

SPIELEND TRAINIEREN

Geistig und körperlich auf ein Ziel hinarbeiten

Sie könnten nun über das Wie und Was des Trainings nachdenken. Es gibt jedoch einige Schlüsselfaktoren. 1. Sie müssen regelmäßig üben. 2. Die Trainingseinheiten sollen kurz sein. Besser sechsmal die Woche eine halbe Stunde üben als einmal drei Stunden am Stück. 3. Überlegen Sie sich, was Sie üben wollen. Nicht einfach drauflosschlagen! 4. Teilen Sie jedes Training in drei gleiche Teile, um Langeweile zu vermeiden.

ZIELÜBUNG

Chippen Sie Luftbälle aus Plastik in einen geöffneten Schirm. Schließen Sie die Augen und lassen Sie Ihre anderen Sinne arbeiten: jene für Gefühl, Gleichgewicht, Rhythmus und Leichtigkeit der Bewegung. Sobald Ihnen bewußt ist, was Sie machen müssen, wächst Ihr Selbstvertrauen.

DRUCK
Setzen Sie sich für 20 Schläge ein Ziel. Fangen Sie von vorne an, wenn Sie es verfehlen. Ab dem 15. Schlag zählen Sie laut mit, um sich unter Druck zu setzen für ein erfolgreiches Übungsende.

SPIEL DER KRÄFTE

Versuchen Sie nicht, alles richtig zu machen, indem Sie über jede Bewegung nachdenken. Vertra en Sie Ihren kinetischen Sinnen – jenen für Bewegung und Energie. Sie sind fähig zur Selbstkorrektur beim nächsten, erfolgreicheren Versuch, wenn Sie darauf vertrauen. Werfen Sie ein paar Bälle aus dem Unterarm in den Schirm. Übertragen Sie das Gefühl auf die Versuche mit dem Schläger.

NATÜRLICH SCHWINGEN

Fühlen Sie, wie die Bewegung mehr aus der Körperdrehung als vom Hochnehmen des Armes kommt. Der Körper dreht sich auf, wenn die Arme hochschwingen, und er entwindet sich, wenn die Arme herunterschwingen.

HANDWECHSEL
Schwingen Sie den Schläger zuerst mit dem rechten, dann mit dem linken Arm. Dadurch entwickeln Sie Gefühl für den Schwung, ein gutes Muskelgedächtnis in jedem Arm und gute Schlägerkontrolle.

REIFENTEST
Ein guter Schwung erhält die Kraft. Entwickeln Sie Gefühl für die richtige Reihenfolge beim Durchschwung: erst der Körper, dann die Arme, zuletzt der **Schlägerkopf**. Schlagen Sie gegen einen alten Autoreifen, um die mühelose Kraft dieser Aktion zu erfühlen.

GOLF – VON INNEN HERAUS

GEISTIGES SPIEL
• Was der Verstand begreift, das kann der Körper ausführen. Vergegenwärtigen Sie sich, was Ihr Körper tun soll – und lassen Sie es dann geschehen.
• Jede körperliche Bewegung, die von einem bewußten Gedanken angeregt wird, geht fehl. Selbst Gehen wird schwierig, wenn Sie darüber nachdenken. Es ist besser, einfach einen Fuß vor den anderen zu setzen.
• Waches Bewußtsein – aber nicht tiefe Nachdenklichkeit sollte Ihr Training prägen. Seien Sie sich der Dinge bewußt, wie sie sind – der physischen Sensation von Rhythmus und Gleichgewicht, des Gleichmaßes der Bewegung, der Gewichtsverlagerung und der mühelosen Interaktion. Nachdenklichkeit macht jede Bewegung linkisch.
• Auf dem Übungsgrün und der Driving Range zu trainieren ist prima – wenn Sie nicht einfach drauflosschlagen.

DAS ÜBUNGSGRÜN NUTZEN!
Mehr als die Hälfte Ihrer Schläge sind Putts – veranstalten Sie darum reichlich Zielübungen auf dem Übungsgrün.

WIE MAN ZÄHLT

Das Handicap und grundsätzliche Zählmethoden verstehen

In diesem Stadium sollten Sie nur zwei grundsätzliche Wertungsmethoden interessieren: Zählspiel und Stableford-System. Es gibt noch viele weitere Methoden, aber die sind nur Varianten von Zählspiel und **Stableford**-System. Die Zählspiel-Methode wird fast durchweg im professionellen Golf angewandt. Anfänger bevorzugen das Stableford-System: Während beim Zählspiel ein schlechtes Loch das Endergebnis ruinieren kann, werden nach Stableford Punkte per Loch vergeben (s. nächste Seite). Die Scorekarten machen einen komplizierten Eindruck, sobald Sie sich jedoch mit den wichtigsten Zählbegriffen auf diesen Seiten vertraut gemacht haben, sollten Sie keine sonderlichen Schwierigkeiten mehr haben.

DAS HANDICAP-SYSTEM

GLEICHE CHANCEN

Das **Handicap**-System erlaubt es Spielern unterschiedlicher Spielstärke, mit gleichen Chancen gegeneinander anzutreten.

• Das Handicap stellt die Zahl der Schläge dar, um die der Spieler das Par des Platzes überziehen darf – Par ist die Zahl, die von einem Profi als Gesamtresultat erwartet wird (s. nächste Seite).

• Ein guter Amateur mit einem Handicap von 9 z.B. darf an den 9 schwersten Löchern, gekennzeichnet durch den **Stroke Index** (s. nächste Seite) einen Extra-Schlag brauchen, den Rest des Kurses muß er Par spielen.

• Im Zählspiel wird die Gesamtzahl der gebrauchten Schläge **(Bruttoergebnis)** um das Handicap reduziert, um das Netto-ergebnis, das Endresultat also, zu ermitteln. Bei anderen Zählsystemen wird dem Spieler teilweise nur ein gewisser Prozentsatz des Handicaps zugestanden, um den sich die Zahl der insgesamt gebrauchten Schläge für das Nettoergebnis reduziert.

SEIN HANDICAP KENNEN

• Das maximal mögliche Handicap in Deutschland ist 36 (international: 28) und erlaubt pro Loch zwei Extraschläge. Bei Handicap 28 z.B. gibt es einen Extraschlag pro Loch und dann noch jeweils einen Extraschlag auf den zehn schwersten Löchern nach dem **Stroke Index.**

• Auf den ersten Blick: ein generöses System. Auf dem Platz werden Sie jedoch merken, daß die Differenz zwischen Ihnen und einem **Scratch**-Spieler (kein Handicap) um einiges größer ist als die zugestandenen 36 etwa. Kein Grund, mutlos zu werden. Freuen Sie sich über die Tage, an denen es Ihnen gelingt, Ihr Handicap zu spielen.

• Wenn Sie einem neuen Club beitreten, werden Sie Ihr Handicap neu machen müssen. Es wird kalkuliert auf der Grundlage von drei Runden, die Sie mit jemandem absolvieren müssen, der bereits ein Handicap hat.

STABLEFORD

Wenn Sie nach Stableford spielen und bei einem Loch 2 Schläge mehr als Ihr Netto-Par benötigen, können Sie hier keinen Punkt gewinnen. Nehmen Sie Ihren Ball auf und hoffen Sie auf ein nächstes besseres Loch. Spielen Sie 1 Schlag über Netto-Par, dann gibt das 1 Punkt, spielen Sie Netto-Par, gibt es 2 Punkte, 1 Schlag unter Netto-Par 3 Punkte usw. Der Spieler mit den meisten Punkten für die 18 Löcher ist am Ende der Sieger.

SCOREKARTE

Tauschen Sie die Karten aus und notieren Sie die Ergebnisse Ihres Mitbewerbers in der Kolumne „A". Ihre Scores gehören in die Kolumne „Marker". Am Ende der Runde prüfen und unterzeichnen beide die Karte.

ZÄHLSPIEL

Im Zählspiel wird die Zahl der Schläge bei jedem Loch in das entsprechende Kästchen eingetragen. Die Summe der 18 Löcher ergibt das **Brutto**ergebnis. Davon wird das Handicap des Spielers zur Ermittlung des Netto abgezogen.

PAR •

Par steht für die Zahl der Schläge, die von einem Profi pro Loch erwartet werden. Bei einem Par 3 (bis 228 m lang) braucht er 1 Schlag bis aufs **Grün**, bei einem Par 4 (229-434 m) zwei Schläge und bei einem Par 5 (435 m und mehr) drei Schläge. Dazu rechnet man mit je zwei Putts. Das Total der einzelnen Pars addiert sich zum Par des Kurses.

TOTAL •

Unter Kolumne „A" erscheint als Ergebnis 49 für die ersten 9 Löcher, 43 für die zweiten 9, insgesamt 92. Bei einem Abzug des **Handicaps** von 21 stehen als Endresultat 71 fest.

STROKE INDEX •

Er zeigt den Schwierigkeitsgrad jedes Loches an. Die Nr. 1 ist das schwierigste, Nr. 18 das leichteste Loch. Der **Stroke Index** basiert auf Länge und Schwierigkeitsgrad.

NACH DEN REGELN SPIELEN

Wichtige Regeln und Etikette für den Anfänger

Die Regeln des Spiels, formuliert vom Royal & Ancient Golf Club von St. Andrews, Schottland, und von der US Golf Association, decken weltweit das Wettkampfgolf ab, umfassen Schläger- und Ballspezifikationen. Auf Clubebene haben Sie es außerdem zu tun mit lokalen Regeln, die sich auf Platzgrenzen, besondere Hemmnisse und saisonale Besonderheiten beziehen. Ihre Hauptsorge sollte jedoch die Etikette betreffen – das richtige Verhalten auf dem Kurs. Es mag dies eine Sache des Verstandes und der guten Manieren sein – beschäftigen muß man sich damit auf jeden Fall.

FAHNE BEDIENEN

Nur bei großer Entfernung wird Ihr Mitbewerber Sie bitten, die Fahne zu bedienen, etwa, wenn er das Loch nicht sieht. Sie halten die Fahne und ziehen sie heraus, wenn der Ball sich nähert. Werfen Sie die Fahne nicht zu Boden, lassen Sie sie nicht einfach fallen. Legen Sie die Fahne sorgfältig beiseite.

SAUBERE •
BEDIENUNG
Bedienen Sie die Fahne, wobei Sie nicht zu nahe am Lochrand oder auf der Puttlinie eines anderen Spielers stehen.

GRÜN-CODE •
Generell putten Sie nicht mit der Fahne im Loch – wenn Sie nicht von außerhalb des Grüns putten.

BALL MARKIEREN

Im Wettkampf kann Ihr Mitbewerber Sie bitten, Ihren Ball zu markieren, wenn der auf seiner Linie zum Loch liegt. Placieren Sie einen Marker oder eine Münze hinter den Ball und heben Sie ihn auf.

AN ANDERE DENKEN
Umgehen Sie sorgfältig die Puttlinien anderer Spieler.

LANGSAMES SPIEL
Spielen Sie flott! Natürlich brauchen schwächere Spieler mehr Schläge und mehr Zeit. Putten Sie durch bis zum Einlochen.

PUTT-PROZEDUR
Nach einem fehlgegangenen Putt im Wettkampf lochen Sie ein oder markieren Sie den Ball.

FAHNE NIEDER
Legen Sie die Fahne in angemessener Entfernung vom Loch nieder und stecken Sie sie hernach zurück.

KURSBEGLEITER

WICHTIGE ETIKETTE
• Setzen Sie ausgeschlagene Rasenstücke wieder fest ein.
• Rechen Sie die Bunker.
• Reparieren Sie die Landestellen des Balles auf dem Grün.
• Weder Trolley noch Tasche gehören auf **Abschlag** oder **Grün**.
• Bleiben Sie ausreichend weit von Ihren Mitbewerbern entfernt.
• Verhalten Sie sich ruhig, wenn Ihr Mitbewerber schlagen will.
• Schreien Sie laut „Fore", wenn Ihr Ball jemanden zu treffen droht.
• Schlagen Sie nicht, bevor die Spieler vor Ihnen außer Reichweite sind.
• Winken Sie Spieler durch, wenn Sie suchen müssen.

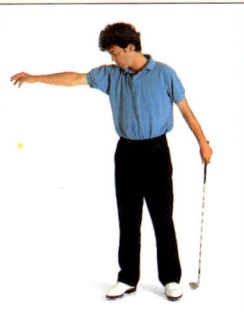
Korrekter Drop: Der Ball wird mit ausgestrecktem Arm fallengelassen.

LANGSAMES SPIEL
• Schlagen Sie nicht hastig – aber gehen Sie schnell. Anfänger sind überall willkommen, wenn sie den Verkehr nicht aufhalten.
• Nicht rumgucken, sondern vorausschauen! Immer für den nächsten Schlag bereit sein, vor allem auf dem Grün!
• Bleiben Sie in Bewegung. Liegt Ihr Ball vorne auf dem Vorgrün, stellen Sie Ihre Tasche zuerst seitlich des Grüns in Richtung auf den nächsten Abschlag ab. Dann erst schlagen Sie den Ball. Nach dem Einlochen können Sie sofort das Grün verlassen und zum nächsten Abschlag gehen.
• Notieren Sie das Lochergebnis nie auf dem Grün, sondern am nächsten Abschlag.
• Im Zweifelsfall fragen Sie zuerst Ihren Partner.

BEGRIFFSERLÄUTERUNGEN

A

•**Abschlag** Der Startpunkt für jedes Loch.
•**Ansprechen** Ihre Ausgangsposition
•**Ausrichtung (Körper)** Die Richtung der Linien, die beim Ansprechen des Balles durch Zehen, Hüften und Schultern gehen.
•**Ausrichtung (Schlägerblatt)** Die Richtung, in die das Schlägerblatt beim Ansprechen oder im Treffmoment blickt.

B

•**Birdie** Ein Ergebnis von 1 Schlag unter dem Par des Loches.
•**Bogey** Ein Ergebnis von 1 Schlag über dem Par des Loches.
•**Brutto** Die Gesamtzahl der Schläge über alle 18 Löcher.
•**Bunker** Gilt als Hemmnis: sandgefüllte Vertiefung auf dem Fairway und um Grüns herum.

D

•**Dimples** Grübchen auf der Oberfläche des Golfballs, die Einfluß auf seine Aerodynamik haben.
•**Divot** Ausgeschlagenes Rasenstück, das wieder eingesetzt werden muß.
•**Drall** Drehung des Balles.
•**Draw** Flugkurve, bei der sich (beim Rechtshänder) der Ball nach rechts von der Ziellinie entfernt und wieder zur Ziellinie zurückkehrt.
•**Driver** Der längste Schläger mit dem geringsten Loft; er wird für ein langes Loch beim Abschlag verwendet.
•**Durchschwung** Der zweite Teil des Schwungs, währenddessen auch der Ball getroffen wird.
•**Dünn** Der Ball wird in der Aufwärtsbewegung getroffen und schießt flach über den Boden nach rechts.

E

•**Eagle** Ein Ergebnis von 2 Schlägen unter dem Par des Loches.
•**Einlochen** Das Loch vollenden: Der Ball muß mit seinem ganzen Umfang im Loch verschwunden sein.

•**Erstes Ziel** Irgend etwas auf dem Boden etwa 1 m vor dem Ball auf der Linie zum eigentlichen Ziel, erleichtert die Ausrichtung des Schlägerblattes.

F

•**Fade** Flugkurve, bei der sich (beim Rechtshänder) der Ball nach links von der Ziellinie entfernt und wieder zur Ziellinie zurückkehrt.
•**Fairway** Fläche zwischen Abschlag und Grün, auf der das Gras gemäht ist.
•**Ferse** Der Teil des Schlägerblattes unterhalb des Schaftes.
•**Fett** Das Schlägerblatt dringt vor dem Ball in den Boden. Der Ball fliegt flach und bleibt kurz.
•**Flight** Gruppe von zwei, drei oder vier Spielern.
•**Flugbahn** Der Flug des Balles.
•**„Fore"** Warnschrei, wenn ein fehlgeschlagener Ball jemanden zu treffen droht.
•**Führungskante** Jener Teil des Schlägerblattes, der vorne-unten den Boden berührt.

G

•**Geschlossener Stand** Ausrichtung (des Rechtshänders) nach rechts vom Ziel.
•**Grün** Das Gebiet ganz kurz geschnittenen Grases, auf dem geputtet und eingelocht wird.

H

•**Haltung** Die Körperhaltung, die man beim Ansprechen einnimmt.
•**Handicap** Ein System, das gleiche Chancen einräumt. Es basiert in erster Linie auf der Differenz zwischen den Bruttoergebnissen eines Spielers und dem Par des Platzes.
•**Holz** Schläger für große Weiten. Sein Kopf besteht aus Holz, Metall oder einem Kunststoff.
•**Hook** Flugbahn des Balles, die (beim Rechtshänder) am Ende nach links wegdreht.

K

•**Kompression** Maß für den Widerstand des Balles im Treffmoment.

L

- **Lie** Winkel zwischen Schaft und Schlägersohle.
- **Loft** Winkel zwischen Schlagfläche und Boden.

M

- **Marker** 1. Mitbewerber, der Ihre Scorekarte führt. 2. Jedes Objekt, das verwendet wird, die Lage des Balles auf dem Grün zu markieren, wenn der zum Säubern aufgehoben wird.
- **Matchplay** Wettkampfform nach dem K.o.-System.

O

- **Offener Stand** Ausrichtung (des Rechtshänders) nach links vom Ziel.

P

- **Pitching Wedge** Schläger für hohe Annäherung aus kurzer Entfernung.
- **Platzgrenze** Die äußere Begrenzung des Platzes.
- **Putter** Schläger für das Einlochen.

R

- **Rauhes (Rough)** Gebiete mit höherem Gras, die an Fairway oder Grün grenzen.
- **Rillen** Die vertieften Linien auf dem Schlägerblatt von Eisen und Holz.
- **Rückschwung** Die Einleitung der Schwungbewegung.
- **Rückwärtsdrall (Backspin)** Die Rückwärtsdrehung des Balles, besonders stark bei Schlägern mit viel Loft.

S

- **Sandwedge** Schläger mit viel Loft für Schläge aus dem Bunker.
- **Schaft** Rute aus Metall oder Kunststoff, die Schlägerkopf und -griff verbindet.
- **Schlag** Jeder Schlag zählt, auch ein Luftschlag nach dem Ansprechen des Balles.
- **Schlägerblatt** Der flache Teil des Schlägers, mit dem der Ball getroffen wird.
- **Schlägerkopf** Der Kopf des Holzes oder Eisens. Andere Teile: Griff, Schaft.

- **Schwungebene** Fläche, die der Schläger während des Schwungs beschreibt.
- **Schwungrichtung** Die Richtung des Schlägerkopfes nach dem Treffmoment.
- **Scratch** Das Par des Kurses egalisieren; ein Scratch-Spieler hat ein Handicap 0.
- **Slice** Flugbahn des Balles, die (beim Rechtshänder) am Ende nach rechts wegdreht.
- **Sohle** Der Teil des Schlägers, der dem Boden zugewandt ist.
- **Spikes** Nägel in den Sohlen von Golfschuhen.
- **Stableford** Ein Wertungssystem nach Punkten.
- **Stammvorgabe** Das exakte Handicap mit Ziffern hinter dem Komma, die für das Handicap auf- bzw. abgerundet werden.
- **Stand** Die Position des Spielers beim Ansprechen des Balles.
- **Standard Scratch Score** Zahl der Schläge, die von einem Scratch-Spieler auf dem jeweiligen Platz erwartet wird. Kann höher sein als Par, niedriger oder gleich.
- **Stroke Index** Zahl, die den Schwierigkeitsgrad jedes Loches anzeigt und über eventuelle Extraschläge – abhängig vom Handicap – informiert.
- **Sweet Spot** Jener Punkt auf dem Schlägerblatt, der für perfekten Ballkontakt sorgt.

T

- **Tee** Holz- oder Kunststoffplöckchen, auf das der Ball beim Abschlag gesetzt wird.
- **Tempo** Geschwindigkeit des Schwungs.
- **Toppen** Den Ball oben treffen.

V

- **Vardon-Griff** Die Lehrbuchmethode des Golfgriffs.
- **Vorgrün** Die nicht so extrem kurz geschnittene Grünumrandung.

Z

- **Ziellinie** Die gedachte Linie vom Ball zum Ziel.
- **Zielorientierung** Körper und Geist auf das Ziel ausrichten.

STICHWORTVERZEICHNIS

NÜTZLICHE ADRESSEN

PGA
of Germany
Hauptstraße 6
86356 Neusäß

Deutscher
Golfverband e.V.
Friedrichstraße 12
65185 Wiesbaden

Vereinigung
clubfreier Golfer
Friedrichstraße 12
65185 Wiesbaden

DANKSAGUNG

Peter Ballingall und Dorling Kindersley bedanken sich bei den folgenden Personen und Institutionen für ihren Beitrag und ihre Unterstützung bei der Herstellung dieses Buches:

Barnham Broom Golf & Country Club, Norwich, Norfolk NR9 4DD (Tel.: 60545 741) und Stephen Beckham, dem Clubpro, für die leihweise Überlassung von Golfbekleidung und Zubehör. Ross McCue für die Anfertigung von Modellen und seine Fachkenntnis. Joanna Turner für die Anfertigung von Modellen und ihre Geduld. Mrs. R.L. Harrison, Verwaltungsdirektorin von Mizuno (UK) Ltd, Imperial Way, Worton Grange, Reading, Berks. RG2 OTD, für die leihweise Überlassung von Golfschlägern und -taschen. Acushnet (UK) Ltd, Caxton Road, St Ives Industrial Estate, St Ives, Huntingdon, Cambs. PE17 4LS, für Golfbälle und Klarsichtfolien. The Golf Ball (ein sehr handliches Büchlein über die technische Entwicklung des Golfballs), das man bei Acushnet/ Titleist bekommt. Gilbert Lloyd und Peter Gregory vom Richmond Golf Club für die Hilfe bei Fahnen, Pfählen, Locheinsätzen, Markern und fotografischen Arbeiten.

Philip Gatward für Außenaufnahmen. Plough Studios, Clapham, London, für Innenaufnahmen und London Workshop für die High-Speed-Aufnahmen. Paul Bailey für die farbigen Illustrationen. Janos Marffy, Rob Shone, Craig Austin und Paul Wilding für das Ziehen der Linien. Tracey Hambleton und Kevin Williams für die Unterstützung beim Layout.